뇌를
알고
행복해졌다

뇌를 알고 행복해졌다

초판 1쇄 인쇄 2021년 6월 7일
초판 1쇄 발행 2021년 6월 15일

지은이 양은우
펴낸이 이범상
펴낸곳 (주)비전비엔피·비전코리아

기획 편집 이경원 현민경 차재호 김승희 김연희 고연경 최유진 황서연 김태은 박승연
디자인 최원영 이상재 한우리
마케팅 이성호 최은석 전상미
전자책 김성화 김희정 이병준
관리 이다정

주소 우 04034 서울특별시 마포구 잔다리로7길 12 (서교동)
전화 02) 338-2411 | **팩스** 02) 338-2413
홈페이지 www.visionbp.co.kr
이메일 visioncorea@naver.com
원고투고 editor@visionbp.co.kr
인스타그램 www.instagram.com/visioncorea
포스트 post.naver.com/visioncorea

등록번호 제313-2005-224호

ISBN 978-89-6322-011-6 03030

도서에 대한 소식과 콘텐츠를
받아보고 싶으신가요?

뇌를
알고
행복해졌다

나를 조종하는 '뇌의 기능'을 깨닫자
'행복으로 가는 길'이 보였다!

양은우 지음

비전코리아

●

인간의 모든 사고와 행동은
뇌의 지배를 받는다

사람들은 누구나 살아가면서 조금씩 성장하길 원한다. 어제의 나보다 오늘의 나, 오늘의 나보다 내일의 내가 더 발전된 모습이길 바라면서 살아간다. 어떤 사람은 자기계발을 위해 노력을 아끼지 않고, 어떤 사람은 인간관계를 개선하기 위해 투자하며, 어떤 사람은 건강한 삶을 위해 운동을 게을리하지 않는다. 살아가는 동안 누구보다 지혜롭게, 누구보다 행복하게 살고 싶은 것이 대다수 사람들의 바람일 것이다.

하지만 대부분 사람들의 삶이 그렇듯이, 살다 보면 마음먹은 대로 일이 풀리지 않을 때가 많다. 까닭 없이 기분이 좋아지거나 나빠질 때도 있고, 누군가가 던진 말 한마디에 상처를 받을 수도 있고, 가까이 지내고 싶은 사람과 생각처럼 가까워지지 못해 애를 태우기도 한다. 때로는 뜻하지 않은 일로 인해 우울증과 무기력에 시달릴 때도 있고, 게으름에 빠진 자신의 모습을 보며 신세 한탄을 할 때도 있다. 누구보다 즐겁고 행복한 삶을 살고 싶지만 삶이라는 것이 마음먹은 대로 풀리지 않아 안타까울 때가 많다.

뇌과학은 삶을 보다 건강하고 즐겁게 살 수 있는 힌트를 제공한다. 인간의 모든 사고와 행동은 알게 모르게 뇌의 지배를 받는다. 인간의 장기 중 뇌는 가장 복잡하고 경이로우며 신비로운 기관이다. 사람들은 모든 일이 마음먹기에 달려 있다고 생각하지만 때로는 뇌라는 것이 나도 모르게 나를 조종하고 나의 의지와 다르게 행동하고 사고하도록 만듦으로써 삶의 방향이 조금씩 어그러진다. 무언가 계획한 일들이 제대로 진행되지 않을 때마다 자기 자신을 탓하거나 혹은 다른 사람들을 탓하고 세상에 원망을 퍼붓지만 그 모든 배경에는 뇌라는 존재가 자리잡고 있다. 그래서 뇌를 이해하면 나와 타인, 그리고 세상을 객관적으로 바라볼 수 있다.

이 책은 인생을 조금 더 긍정적이며 발전적인 방향으로 살아가기 위해 알아 두면 좋을 상식을 짧은 글로 다루고 있다. 뇌라는 것이 만들어 내는 오묘하고 신비로운 세계, 내 마음은 물론 타인의 사고와 행동을 이해할 수 있는 단서, 나를 뛰어넘어 한 단계 성장할 수 있는 요령, 그리고 지혜로우며 행복하고 건강하게 삶을 영위할 수 있는 힌트를 담고 있다. 각 꼭지별로 전 세계의 권위 있는 신경과학자들의 연구 결과를 바탕으로 삶을 업그레이드하기 위해 알아야 할 뇌과학 상식을 제시하고 있다.

물론 이 책을 읽는다고 해서 하루아침에 삶이 달라지는 것은 아니다. 21세기 들어 뇌과학이 본격적으로 발전하면서 뇌의 신비가 조금씩 밝혀지고 있지만 여전히 알려진 것보다 알려지지 않은 것이 더 많다. 아직도 가야 할 길이 멀다. 하지만 조금이라도 뇌를 알면 자신과 주위 사람을 깊이 이해하고 업그레이드된 삶의 방향을 수립하는데 단서를 얻을 수 있을 것이다.

부디 이 책을 통해 자신의 삶을 돌아보고 타인에 대한 이해가 깊어지며 삶을 보다 지혜롭고 행복하며 건강하게 살아갈 수 있는 실마리를 얻길 바란다.

양은우

차례

PART 1

뇌를 알면
몸과 마음이 건강해진다

잠을 잘 못 자면 조울증이 올 수 있다

잠이 부족하면 감정의 브레이크가 고장난다

독자 중에 감정 조절이 어려운 사람이 있을 것이다. 자신은 주변 사람들에게 좋은 사람으로 비춰지고 싶지만 까칠하게 보이거나, 일관성 있는 사람으로 보이고 싶지만 감정이 오락가락하는 사람으로 여겨질 수도 있다. 속마음과 다르게 자주 짜증을 내거나 조울증 증세를 보여 주변 사람들을 지치게 하고 인간관계도 마치 사포 표면처럼 거칠어질 수 있다. 감정 조절이 안 되는 원인은 무엇일까? 여러 가지 원인이 있지만 큰 영향을 미치는 요소 중 하나가 잠이다.

사람을 비롯한 모든 생명체는 반드시 잠을 자야 한다. 우리는 일생의 3분의 1 혹은 4분의 1의 시간을 잠으로 보내면서도 정작 그 중요성에 대해서는 잘 모른다. 단순히 깨어 있는 동안 쌓인 육체적 피로를 풀고 방전된 에너지를 충전하는 수단 정도로만 여긴다. 하지만 신경과학이 발달하고 잠을 연구하면서 잠이 단순한 피로 회복 수단을 넘어 개인의 성격 형성이나 창의력에도 큰 영향을 미친다는 증거가 속속 드러나고 있다.

세계적인 신경과학자이자 수면 전문가인 매슈 워커Matthew Walker 는 건강하고 젊은 성인을 대상으로 잠이 성격의 변화에 얼마나 영향을 미치는지 실험했다. 연구진은 피험자들을 두 그룹으로 나누고, 한 집단은 밤새 한숨도 못 자게 만들었다. 반면 다른 한 집단은 아무런 방해도 하지 않고 정상적으로 잠을 자도록 했다.

다음 날 두 집단의 피험자들에게 100장의 동일한 사진을 보여주었다. 그 중에는 양동이나 나무토막과 같이 주변에서 흔히 볼 수 있고 감정적 반응을 전혀 일으키지 않는 물건부터, 불타는 집이나 금방이라도 달려들 것처럼 잔뜩 움츠린 독사처럼 공포나 불안을 야기하는 것도 포함돼 있었다. 피험자가 사진을 보는 동안 MRI를 이용해 뇌를 촬영한 결과, 밤새 잠을 한숨도 못 잔 참가자의 경우 편도체의 활동이 평소보다 무려 60% 이상 증가한 것으로 나타났다. 편도체는 공포나 분노, 두려움, 불안, 흥분과 같은 부정적인 감정을 촉발하는 핵심 부위이다. 반면에 잠을 충분히 잔 피험자의 경우 같은 사진을 봤음에도 불구하고 편도체의 반응이 활성화되지 않았고 평소와 다름없이 평온한 수준을 유지했다.

두 그룹 사이의 또 다른 차이는 전전두엽과 편도체 사이의 신경다발에서 나타났다. 밤잠을 충분히 잔 참가자들의 경우 전전두엽과 편도체 간의 신경다발 연결이 강하게 유지된 반면, 잠을 못 잔 참가자들의 경우 전전두엽과 편도체 사이의 신경다발 연결이 약화돼 있었다. 전전두엽은 전두엽의 앞쪽을 가리키는데 이마 부위 즉 안구 바로 위쪽에 있는 뇌 영역이다. '뇌의 CEO'라고 불리는 이 영역은 다른 영장류에 비해 인간에게서 가장 발달한 부위로, 합리적이고 논리적이며 체계적인 사고를 관장하고 의사 결정을 주관한다. 이 부위는 변연계라고 하는 감정의 뇌에서 올라오는 다양한 감정을 상황에 맞게 조절하고 통제함으로써 분위기에 맞추어 행동할 수 있게 제어하는 역할도 한다. 화가 난다고 해서 아무 때나, 아무 곳에서나, 아무에게나 화를 낼 수 없는데 이렇게 감정의 브레이크 역할을 하는 곳이 전전두엽이다.

실험에서 보듯이 잠을 제대로 못 자면 편도체의 기능은 평소에 비해 과하게 활성화되는 반면, 전전두엽과 편도체 사이의 신경다발 연결은 약화된다. 이는 편도체에서 몰려드는 감정적 반응을 전전두엽이 억제하는 힘이 약해지는 것을 의미한다. 다시 말해 편도체가 내보내는 부정적인 감정을 전전두엽이 이성적으로 제어하는 기능이 약해진다. 그래서 사소한 일에도 짜증이나 화를 내거나 초조하고 민감하게 대응하는 감정적 반응이 높아지고, 그것을 적절하게 제어하고 통제하는 브레이크 장치가 제대로 작동하지 않는 것이다. 잠을 못 잤을 때 자신도 모르게 주위 사람들에게 까칠하게 대했던 경험이 한 번쯤은 있을 것이다.

만성 수면 장애는 조울증을 부른다

수면이 만성적으로 부족하면 양극성 장애라고 불리는 조울증 증상이 나타날 수 있다. 수면 부족은 편도체를 과활성화 상태로 만들기도 하지만 선조체striatum라는 부위도 지나치게 활성화시킨다. 선조체 또는 줄무늬체라고 불리는 이 부위는 편도체 바로 위와 뒤쪽에 있는 감정 중추로, 충동이나 보상에 관여하며 도파민에 민감하게 반응한다. 칭찬을 받거나 무언가 보상이 주어졌을 때 쾌감을 느끼도록 하는 부위가 선조체이다. 그래서 흔히들 쾌락 중추라고도 부른다. 수면이 부족하면 이 부위가 과도하게 활성화되므로 사소한 일에도 기분이 좋아진다.

부정적 감정을 주관하는 편도체와 쾌감을 주관하는 선조체가 모두 활성화된 상태이다 보니 잠이 부족한 사람들은 이 부위를 무의식적으로 오간다. 과활성화된 편도체 탓에 불안하고 안절부절 못하는 상태에 빠졌다가, 과활성화된 선조체 탓에 한순간에 흥분하고 들뜬 상태로 넘어간 후 다시 초조한 상태로 돌아오는 등 마치 롤러코스터를 타듯 짧은 시간 동안 감정이 요동치는 경우가 많다.

이렇게 흥분된 상태와 우울한 상태를 극단적으로 오가면 감정 에너지가 쉽게 고갈되어 공격적이거나 신경질적인 성향이 나타난다. 어린 시절에 잠을 제대로 못 자면 청소년기에 공격적인 성향이 나타나거나 술이나 담배, 마약 등 좋지 않는 물질의 유혹에 빠져들기 쉽다. 나아가 잠이 부족한 사람들은 우울증이 생길 확률이 높으며 잠을 못 이루는 악순환에 빠져든다. 우울증 환자들이 수면 부족에 시달리고 자살 등 극단적인 선택을 하는 것도 이 때문일 수 있다. 게다가 수면 부족은 불안, 외상후 스트레스 장애PTSD, 조현병 등 심각한 정신 질환으로 이어질 가능성도 크다. 육체적으로는 혈압이 높아져 고혈압에 시달리거나 비만이 심해질 수도 있다.

현대인들의 대다수는 수면 부족에 시달린다. 강의실에서 학습자들을 대상으로 조사해 보면 수면 시간이 평균 6시간 내외로 짧고 4~5시간의 짧은 수면만 취하는 사람들도 많다. 하지만 수면 부족이 단순히 피로만을 유발하는 것이 아니라 각종 육체적, 정신적 질병을 유발한다면 그리 가볍게 생각해서는 안 된다. 수면 부족이 장기적으로 이어지면 개인의 건강을 해칠 것은 분명하고 인간관계에까지 영향을 미칠 수 있다. 쉽게 짜증내고 분노하며 감정을 제어하지 못하고 긍정적인 감정과 부정적인 감정 사이를 미친 듯 오가는 사람을 누가 좋아하겠는가? 결국 인간관계가 파괴되고 사람들로부터 따돌림을 당해 삶의 질도 떨어질 수 있다.

감정 조절에 뛰어난 사람일수록 삶이 만족스러울 가능성이 크다.

그러므로 질 높은 삶을 위해서는 무엇보다 잠을 충분히 자야 한다. 수면 전문가들은 하루의 적절한 수면 시간이 8시간이라고 말한다. 수면의 한 사이클이 90분이므로 다섯 번 순환되는 7시간 30분 정도 자는 것이 적당할 듯싶다. 미국 질병통제센터의 수면 전문가들은 최소한 7시간은 수면을 취하도록 권장하며, 7시간 미만으로 잠을 자면서도 신체 기능을 정상적으로 유지하는 성인은 극소수에 불과하다고 한다. 그러니 잠자는 시간을 아까워하지 말아야 한다. 다만 9시간 넘게 잠을 자면 사망 위험도가 급격히 높아질 수 있으므로 8시간 이상은 자지 않는 것이 좋다.

잘 자고 싶다면 핸드폰을 꺼라

청색 파장은 멜라토닌 분비를 늦춰 수면을 방해한다

잠을 잘 자려면 방해하는 요소를 멀리해야 한다. 인간의 문명은 상상하기 어려울 정도로 발달했지만 인간의 뇌는 여전히 문명이 아닌 자연의 섭리를 따른다. 아침에 해가 뜨면 뇌 안에 있는 시교차상핵이라는 부위에서 빛 신호를 받아들여 세로토닌을 분비하도록 만들어 각성 상태가 된다. 반대로 어두워지면 이것이 잠을 오게 만드는 신경전달물질인 멜라토닌으로 바뀌면서 잠 잘 준비를 하라는 신호를 뇌에 보낸다. 뇌도 밤낮의 변화에 자연스럽게 동화되도록 설계된 것이다.

아쉽게도 인간의 문명이 발달하면서 자연의 섭리를 거스르는 일이 많아졌는데 그 중 하나가 인공조명이다. 어두워지기 시작하면 하나둘씩 켜지는 인공조명은 멜라토닌 분비에 영향을 미친다. 밝은 빛 때문에 어둠이 내렸다는 신호를 제대로 해석하지 못하고 멜라토닌 분비가 늦어져 밤늦게까지 깨어 있게 만든다. 200럭스 정도 빛을 내는 백열등은 뇌 안에서 멜라토닌의 분비를 50%까지 억제할 수 있다고 한다. 10럭스 내외의 작은 취침등도 멜라토닌의 분비를 지연시킨다고 한다. 일반적으로 인공조명은 하루에 평균 2~3시간 정도 잠이 드는 시간을 늦춘다고 한다. 게다가 잠자리에 들어서도 쉽게 잠을 이루지 못해 마치 수면 시작 불면증처럼 여기게 한다. 불면증을 앓는 사람들에게 잠들기 1~2시간 전부터 어두운 환경에서 지내라고 하는 것도 모두 이 때문이다.

수면 전문가인 매슈 워커는 전자 기기가 멜라토닌 분비에 미치는 영향을 밝혀냈다. 피험자들에게 잠자리에 들기 전에 청색 LED 불빛이 많은 태블릿인 아이패드를 두 시간 동안 사용하게 하자 멜라토닌 분비량이 무려 23%나 줄었다. 다른 실험에서 연구진은 건강한 성인들을 2주 동안 함께 지내게 하면서 다양한 환경을 테스트했다. 피험자들이 5일간 잠자리에 들기 전에 몇 시간 동안 종이책을 읽거나, 몇 시간 동안 아이패드로 책을 읽도록 했다. 아이패드를 이용하는 피험자들은 오직 독서만 할 수 있었다. 어느 것을 먼저 할지는 참가자들의 의지에 따라 무작위로 결정됐다.

이 실험에서 놀랍게도 아이패드를 이용해 독서한 경우 종이책에 비해 멜라토닌 분비량이 50% 이상이나 억제됐다. 종이책을 읽는 경우 밤이 깊어 가면서 자연스럽게 멜라토닌 농도가 증가하고 졸음이 찾아왔지만, 아이패드로 책을 읽을 때는 멜라토닌의 농도 증가가 3시간까지 지연됐다. 일반적으로 건강한 성인들이 밤 11시쯤에 잠자리에 들 욕구를 느낀다면 아이패드로 독서를 할 경우에는 새벽 2시에나 졸음을 느끼는 셈이다. 뿐만 아니라 아이패드로 책을 읽은 사람은 종이책을 읽은 사람보다 잠들기까지 더 오랜 시간이 걸렸다.

햇빛을 받아 시교차상핵으로 하여금 세로토닌을 생성하도록 만드는 광수용체는 짧은 파장인 청색 스펙트럼에 속한 빛에 가장 민감하다. 그런데 현대 문명에서 흔히 사용하는 전자 기기는 대부분 청색 LED를 사용하므로 멜라토닌 분비에 영향을 미친다. 노트북이나 스마트폰, 태블릿 등 잠들기 전에 흔히 사용하는 기기에서 발산되는 청색 LED 파장은 백열전구의 따뜻하고 노란빛보다 멜라토닌 분비를 무려 두 배나 더 억제한다. 어떤 사람들은 잠들기 전에 태블릿을 이용해 독서를 하고, 어떤 사람들은 인터넷 서핑을 하며, 또 어떤 사람들은 영화를 보거나 음악을 감상하기도 한다. 하지만 기기에서 나오는 청색 파장, 일명 블루라이트는 밤이 깊어져도 졸리지 않게 하거나 쉽게 잠들 수 없게 만든다.

핸드폰 대신 책을 읽는 것은 어떨까

청색 파장은 수면에 영향을 미쳐 몇 가지 문제를 일으킨다. 무엇보다 잠을 잘 못 자므로 렘수면이 교란돼 기억의 통합과 창의적 사고에 지장을 준다. 나아가 실험에서 아이패드로 책을 읽은 사람은 다음 날 낮까지 끊임없이 졸린 느낌을 호소했다고 한다. 후유증도 문제다. 실험이 끝난 뒤 피험자들이 아이패드를 사용하지 않아도 며칠 동안 멜라토닌 농도의 증가가 1시간 반이나 지연됐다. 따라서 청색 파장을 줄여야 잠을 제시간에 자고 숙면을 취하는 데 도움이 된다는 것을 예상할 수 있다. 한 연구에서 불면증 환자를 두 그룹으로 나눠, 한 그룹은 잠자리에 들기 전에 청색 파장 차단 안경을 2시간 동안 착용시키고, 다른 그룹은 일반 안경을 2시간 동안 착용시켰다. 이렇게 7일이 지난 뒤 서로 안경을 바꾸어 쓰고 다시 7일간 실험을 하며 결과를 관찰했다. 그러자 청색 파장을 차단하는 안경을 쓴 사람들은 일반 안경을 착용한 사람과 잠이 든 시간은 같았지만 아침에 약 30분간 더 잠을 잘 수 있었고 수면의 질도 좋았다.

그러나 최근 들어 반대 의견도 만만치 않다. 오스트리아의 한 연구팀이 10대들에게 어둡고 붉은빛을 띠는 장비와 밝고 푸른빛을 띠는 장비를 착용시킨 결과, 수면에 별다른 차이가 나타나지 않았다고 한다. 청색 파장이 수면에 영향을 주는 요소는 맞지만 그에 못지않게 다른 파장의 빛들도 수면에 영향을 준다는 것이다. 맨체스터 대학의 연구 결과도 청색 파장의 유해성을 반박한다. 특수 설계된 조명과 생쥐를 이용한 실험 결과, 밝기를 바꾸지 않으면 파란빛이 노란빛에 비해 생쥐의 생체 리듬에 더 약한 영향을 미친다고 한다. 연구자인 팀 브라운Tim Brown은 청색 파장이 생체 시계에 가장 큰 영향을 미친다는 일반적인 견해는 잘못된 것이며 같은 밝기일 경우 청색 파장은 백색광이나 황색광보다 사람에게 미치는 영향이 적다고 말했다.

　이왕이면 같은 내용에 대해 같은 결과가 나오면 좋으련만, 연구자에 따라 결과가 다르다 보니 어떻게 받아들여야 할지 아리송하기만 하다. 하지만 기본적으로 인간은 자연의 섭리에 맞춰 살아가도록 설계된 존재임은 분명하다. 밝을 때 일하고 어두워지면 잠자리에 드는 것이 자연스러운 이치다. 전자 기기에서 방출하는 청색 파장이 해로운지 그렇지 않은지에 대해서는 아직 결론 내릴 단계가 아니지만, 굳이 잠자리에 들기 전까지 전자 기기를 이용하느니 종이책의 까끌까끌한 감촉을 느끼며 독서를 하는 편이 낫지 않을까. 질 좋은 잠을 위해서 말이다.

젊어서 아낀 잠이 나이 들어 치매로 돌아온다

잠은 두뇌 건강을 좌우한다

뇌 역시 신체의 일부이다 보니 나이 들면서 노화를 피할 수 없다. 이렇게 나이가 듦에 따라 뇌가 퇴화되고 기능이 저하되면서 나타나는 질병 중 하나가 치매이다. 인지증이라고 하는 치매에 걸리면 두뇌의 인지 활동이 중단되고 동물적인 삶만 남는다. 인간으로서의 존엄은 사라지고 본능에 따른 삶만 추구하게 되므로 누구라도 치매를 두려워하지 않을 수 없다. 그런데 치매는 잠과 깊은 관련이 있다. 잠의 질은 뇌 건강에도 변화를 가져온다.

사람이 두뇌를 사용하면 베타 아밀로이드라는 변형된 단백질이 뇌 안에 축적된다. 마치 연탄보일러로 난방을 하면 연탄재가 남는 것처럼 사고 활동의 부산물로 변형 단백질이 만들어진다. 이것이 뇌 밖으로 배출되지 않고 쌓이면 오랜 시간이 지나면서 뇌의 기능이 점점 저하되고 기억을 훼손시켜 알츠하이머 등 치매로 발전할 수 있다.

미국 보스턴 대학의 로라 루이스Laura Lewis 생의학공학 부교수 팀은 매일 밤 잠을 자는 동안에 뇌에서 신경조직을 씻어내는 세척brainwash 작업이 진행된다는 사실을 밝혀냈다. 잠잘 때 신경세포의 활동이 조용해지면 신경세포를 지지하고 있던 교세포가 축소되며 뇌 안에 빈 공간이 만들어지는데, 이 틈으로 혈액이 빠져나가고 대신 뇌척수액CSF, Cerebrospinal fluid이 흘러 들어온다. 이렇게 흘러든 뇌척수액은 맥파pulse wave의 리듬을 타고 뇌를 씻어낸다.

교세포는 신경세포 주변에 자리하고 있는 세포들로 신경세포의 위치를 고정시키고 영양소를 공급하며 다른 신경세포들과 신호 교환에 쓰이는 화학물질의 공급을 조절한다. 또한 죽은 신경세포의 잔해를 제거하고 신경세포 사이를 절연시켜 신경 신호가 섞이지 않도록 하는 역할을 한다. 잠이 들면 교세포가 쪼그라들면서 생기는 빈틈을 따라 뇌척수액이 흘러 다니면서 마치 물청소하듯이 뇌 안에 쌓인 노폐물을 씻어낸다. 이 과정은 주로 꿈을 꾸지 않는 깊은 잠, 즉 서파 수면일 때 일어난다. 그런데 수면이 부족하면 깊은 잠이 줄어들어 뇌 속에 쌓인 노폐물을 세척할 수가 없다. 시간이 없으므로 독성 물질을 물청소하지 못하고 그대로 뇌 안에 쌓아 둔다.

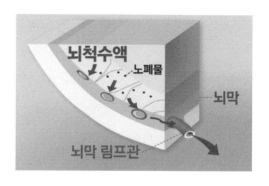

뇌척수액은 뇌 안의 노폐물을 씻어낸 후 뇌막 림프관을 따라 체외로 배출된다.

노인들은 생체 리듬이 변하고 방광이 약해지는 등 여러 가지 원인으로 말미암아 깊은 잠을 자지 못하고 늘 수면 부족에 시달린다. 그러면 뇌에서 서파의 형성이 줄어들며 뇌의 혈류에 나쁜 영향을 줘 잠잘 때 뇌척수액의 파동이 감소하며, 독성 단백질의 축적과 기억력 감퇴로 이어진다. 단순히 피로한 것이 문제가 아니라 뇌가 제 기능을 할 수 없는 것이 더욱 큰 문제다.

깊은 잠이 부족하면 치매가 올 수 있다

그렇다면 노폐물은 어떤 경로로 뇌 밖으로 배출될까? 최근까지도 이에 대해 밝혀지지 않았는데, 국내의 IBS 혈관연구단이 그 비밀을 밝혀냈다. 뇌 안의 노폐물은 잠을 자는 동안 뇌척수액을 따라 흐르다가 뇌 아래쪽에 있는 뇌막림프관을 타고 밖으로 배출된다. 연구진은 이를 밝혀내기 위해 생쥐를 실험에 이용했는데, 늙은 쥐가 젊은 쥐에 비해 배출되는 노폐물이 적음을 발견했다. 노화가 진행될수록 뇌막림프관의 배출 기능이 저하되기 때문이다. 실제로 늙은 쥐의 뇌막림프관은 젊은 쥐에 비해 구불구불하게 변형돼 있어 노폐물이 잘 배출되기 어려운 구조인 것으로 나타났다.

루이스 교수팀의 연구와 국내 연구진의 연구 결과를 종합할 때 나이가 들면 서파가 일어나는 깊은 잠이 짧아지고 뇌막림프관의 기능이 저하돼 베타 아밀로이드 같은 노폐물이 제대로 배출되지 않으므로 기억세포가 사멸되고 치매의 위험성이 높아진다고 할 수 있다.

이 연구 결과가 알려 주는 사실은 명백하다. 잠을 단순히 피로 회복 수단 정도로 우습게 생각해서는 안 된다는 것이다. 몇 해 전에 에디슨이 잠자는 시간이 아깝다고 하는 광고가 있었지만 잠을 자는 시간은 결코 아깝지 않다. '그까짓 잠 좀 못 잔다고 해서 무슨 일 있겠어?'라고 생각하는 순간 뇌는 치매를 향해 맹렬한 속도로 달려갈지도 모른다. 잠이 단순히 피로 회복 수단이 아님을 인지하고 가급적이면 정해진 수면 시간을 지키고 잠의 질을 높일 수 있는 수단을 강구해야 한다. 젊어서는 깨닫지 못한 것들이 나이 들면 후회로 다가올 수 있다. 잠도 그 중 하나임을 잊어서는 안 된다.

약 없이도 우울증을 치료할 수 있다

우울증 치료제는 부작용이 많다

인간의 사고와 행동은 마음먹은 대로 움직일 때보다 그렇지 않을 때가 더 많다. 그러니 어쩌면 삶이 마음먹은 대로 흘러가지 않는다고 해서 비관하기보다는 그런 이치를 알고 순리대로 사는 것이 더 속 편할지도 모르겠다. 한편으로는 마음과 반대로 움직이려는 무의식에 조종 장치를 달아 원하는 방향으로 나아가게 해야 한다. 마음을 움직이고 싶을 때 가장 좋은 방법은 몸을 움직이는 것이다.

현대인들이 가장 많이 앓고 있는 정신 질환 중 하나가 우울증이 아닐까 싶다. 일과 사람으로 인해 이래저래 힘든 일들이 많기 때문이다. 밝고 긍정적으로 지내는 것이 정신 건강에 좋다는 걸 잘 알면서도 현실에 치이다 보면 자신도 모르게 우울증이 나타나는 경우가 많다. 이럴 때 가장 좋은 방법은 운동을 하는 것이다. 몸과 두뇌는 따로 떼어 놓고 생각할 수 없다. 몸은 뇌의 영향을 받아 움직이며 뇌는 몸에서 받아들인 감각을 이용해 감정이나 정서를 만들어 낸다. 몸 없이 뇌는 존재할 수 없다. 그러므로 몸을 적극적으로 움직이면 뇌에도 영향을 미치고 마음에도 변화가 생긴다.

노르웨이의 정신과 의사 에길 마르틴센Egill Martinsen은 심각한 우울증으로 일상생활을 할 수 없어 정신 건강 의학과 병원에 입원한 남녀 49명을 대상으로 실험을 했다. 그들은 조상 중에 우울증 환자가 많은 유전적 우울증 발병 요인을 지니고 있었다. 환자들은 병원에서 매주 1~2시간의 상담 치료나 텃밭 가꾸기, 간단한 수작업, 레크리에이션 등 작업 치료를 받고, 필요한 경우에는 항우울제 처방도 받고 있었다.

환자들을 두 그룹으로 나눈 후 한 그룹은 유산소 운동을 하도록 했다. 9주에 걸쳐 주 3회, 하루 1시간씩 자신의 최대 산소 섭취량의 50~75%가 되는 강도로 걷기, 달리기, 스키, 수영 등을 하도록 했다. 다른 한 그룹은 같은 시간에 작업 치료를 시행했다. 9주가 지난 뒤 비교한 결과, 유산소 운동 그룹은 지구력, 근력, 유연성 등 체력이 놀랍게 향상된 것은 물론이고 백 우울증 진단 척도Beck Depression Inventory에서도 작업 치료 그룹보다 훨씬 낮은 점수를 보였다.

백 우울증 진단 척도란 21개 항목의 우울증 자가 진단법으로 점수가 높을수록 우울증 정도가 심한 것을 나타낸다. 일반적으로 우울증 환자들은 프로작과 같은 선택적 세로토닌 재흡수 억제제_{SSRI, Selective Se-rotonin Reuptake Inhibitors}를 복용하곤 한다. 이 약물은 시냅스에서 분비되는 세로토닌이 짧은 시간 안에 신경세포 안으로 재흡수되는 것을 억제할 수 있게 세로토닌 재흡수 수용체를 차단한다. 마치 세로토닌 수치가 늘어난 것처럼 신경세포를 흥분시키고 명랑하고 쾌활한 기분을 오래 유지하도록 만드는 것이다. 그래서 SSRI를 복용하면 우울증이 개선되는 것 같은 착각을 일으킨다.

안타깝게도 SSRI는 부작용이 따른다. 불면이나 불안, 초조, 성욕 감퇴, 남자의 경우 발기부전 등의 증상이 나타난다. 그래서 SSRI를 복용할 때는 항불안제나 수면 유도 성분의 약들을 함께 복용하는 경우가 많다. 또한 SSRI는 뇌를 위험한 상태까지 흥분시켜 조증을 유발하기도 하는데, 이 상태가 되면 정상적인 판단을 내리기 어렵고 낭비나 폭력, 과도한 성행위, 직장에서의 인간관계 파괴 등의 문제가 발생할 수 있다. 반대로 울증 상태를 야기하기도 하는데, 심하면 자살을 기도하고 타인에게 상해를 입힐 수도 있다.

운동은 우울증 치료제보다 탁월한 효과를 가진다

항우울제는 부작용이 있지만, 부작용 없이 우울증을 개선할 수 있는 방법이 있다. 바로 운동이다. 운동을 하면 뇌에서 노르에피네프린

(노르아드레날린)뿐 아니라 도파민, 세로토닌, 엔도르핀이 방출된다. 노르에피네프린은 뇌를 각성 상태로 만들고, 우울증으로 잃어버린 자신감을 찾게 도와준다. 도파민은 기분을 좋게 만들며 엔도르핀은 성취감을 느끼게 한다. 게다가 운동에는 도파민 수용체를 늘리는 효과가 있어 쾌감이 더욱 커진다. 또한 운동은 스트레스 수용 수준을 높여서 쉽게 스트레스 받지 않도록 만든다.

결국 규칙적인 운동은 듀크대학교 의과대학 교수인 제임스 블루멘틸James Blumenthal이 말한 것처럼 'SSRI와 동일한 효과'가 있다. 그는 우울증 진단을 받은 50세 이상의 남녀 156명을 무작위로 세 그룹으로 나눈 뒤 실험을 했다. 첫 번째 그룹은 SSRI를 복용하게 했고, 두 번째 그룹은 주 3회 30분씩 러닝머신이나 실내 자전거 타기 등 유산소 운동을 하도록 했다. 세 번째 그룹은 SSRI를 복용하는 동시에 유산소 운동을 병행하도록 했다. 16주 뒤 세 그룹 모두 우울증이 크게 개선됐는데 약을 복용한 첫 번째 그룹은 65.5%, 운동을 한 두 번째 그룹은 60.4%, 두 가지를 병행한 세 번째 그룹은 68.8%로 그룹 간 큰 편차는 없었다. 다만 약을 복용한 첫 번째와 세 번째 그룹은 4주까지 치료 효과가 빠르게 나타났다. 따라서 운동이 항우울제를 대신할 수 있다고 결론내렸다.

중요한 것은 우울증 재발률이다. 운동으로 우울증에서 회복된 환자들은 10개월이 지나도 88%의 개선 효과를 유지했으며, 재발률은 8%

에 불과했다. 반면 항우울제를 복용한 사람들은 55%만이 개선 효과를 유지했고 38%는 우울증 상태로 되돌아갔다. 항우울제와 운동을 병행한 그룹은 62%가 개선 효과를 유지했고 31%가 재발했다. 결국 우울증을 치료할 때 약물 치료보다는 운동이 더욱 효과적이라는 이야기다.

문제는 우울증 환자들이 자발적으로 운동하기가 어렵다는 것이다. 우울증에는 운동이 최고라는 것을 알고 있는 나조차도 우울증에 빠지면 운동할 의욕이 생기지 않는데, 그 효과를 모르는 사람들은 더욱이 스스로 운동을 하러 나서기 어렵다. 가장 좋은 것은 주위 사람의 도움을 받는 것이다. 우울증을 겪는 사람이 주위에 있거든 애써 체육관이나 운동장으로 데리고 나가야 한다. 스스로는 나가기 어려우니 말이다. 자신이 우울증에 빠졌다면 스스로도 주위 사람들에게 도움을 요청해야 한다. 우울증은 생각보다 무서운 병이다. 우울증에 걸린 사람을 돕는 것은 한 생명을 구하는 것과 다름없다.

달리면 행복도 달려온다

달리기가 뇌세포의 성장을 촉진한다

1960년대 구호 같지만, 건강한 정신은 건강한 육체에서 나온다는 말이 있다. 몸이 아픈 사람은 매사가 귀찮고 밝은 생각을 하기 어렵다. 반면에 몸이 건강한 사람은 비교적 사는 게 즐겁다. 아무리 돈 많은 사람도 몸이 아프면 즐거울 수가 없다. 따라서 운동은 반드시 필요한데 그중에서도 달리기는 건강한 뇌를 유지하는 데 크게 도움이 된다. 달리기가 뇌의 성능을 개선시킬 수 있는 것은 새로운 신경 형성, 즉 새로운 뇌세포의 성장을 촉진하기 때문이다. 아직 정확하게 어떤 메커니즘을 통해 달리기가 뇌를 좋게 만드는지는 밝혀지지 않았지만 말이다.

케임브리지 대학의 연구진들은 쥐를 이용해 달리기가 기억에 미치는 영향을 연구했다. 이들은 쥐를 두 그룹으로 나눈 후 한 무리의 쥐에게는 매일 15마일씩 쳇바퀴를 달리게 했는데, 15마일이면 24킬로미터쯤 되니 꽤나 긴 거리다. 또 한 무리의 쥐에게는 아무것도 하지 않도록 했다. 그저 당근을 갉아먹고 주위를 돌아다니고 용변을 보기만 할 뿐이었는데, 이는 운동을 하지 않는 현대인들의 삶을 비유적으로 나타낸 것이다. 그런 뒤 컴퓨터 화면에 두 개의 똑같은 사각형이 나란히 나타나게 하고 두 무리의 쥐를 이용해 보상 실험을 했다. 쥐가 왼쪽 사각형을 찌르면 보상으로 설탕 알갱이를 받지만 오른쪽에 있는 사각형을 건드리면 아무런 보상도 받지 못했다. 쥐는 학습을 통해 왼쪽과 오른쪽 사각형 중 어느 쪽을 건드릴 때 보상을 받을 수 있는지 기억하게 됐다.

결과적으로 매일 달리기를 한 쥐가 아무것도 하지 않고 편안하게 지낸 쥐보다 기억력 테스트에서 두 배 정도 높은 점수를 받았다. 달리기가 뇌의 기억 기능을 강화한다는 결과가 나온 셈이다. 연구진은 조금 더 세밀한 연구를 위해 두 개의 사각형을 거의 맞닿을 정도로 가깝게 배치했다. 두 개의 사각형이 거의 붙어 있다시피 했으므로 쥐가 왼쪽과 오른쪽을 구분하기는 더욱 어려워졌다. 하지만 꾸준히 달리기를 한 무리의 쥐는 왼쪽 사각형을 찾아내는 데 큰 어려움이 없었다. 반면에 달리기를 하지 않은 쥐는 많은 실수를 했다. 연구진이 쥐가 보는 앞에서 두 사각형의 위치를 바꿨으나 달리기를 한 쥐는 가만히 있었던 쥐에 비해 보상이 주어지는 사각형을 누르는 경우가 훨씬 많았다.

달리기는 삶의 만족감과 행복도를 높인다

해마라는 두뇌 부위는 기억과 학습에 관여한다. 그 중 새로운 기억 형성과 관련된 부분으로 치상회라는 곳이 있다. 여기에서는 매일 세제곱 밀리미터당 약 6,000개의 새로운 뇌세포가 만들어진다. 새로 형성된 뇌세포의 수를 모두 더하면 수십만 개에 달한다. 노화가 시작되면 하루에 사멸되는 세포의 수가 20~30만 개에 달한다고 하니 죽는 신경세포만큼 새로운 신경세포가 만들어지는 셈이다. 이렇게 만들어진 신경세포들은 필요한 영역으로 이동해 새로운 신경회로를 형성하며 그렇지 않으면 사멸되고 만다. 세포 생성의 효과가 없어지는 셈인데 달리기를 하면 새로운 신경세포가 목적지에 도착해 신경회로를 형성하는 데 도움을 준다. 역시 메커니즘은 밝혀지지 않았지만 달리기를 하는 동안 뇌로 공급되는 혈류량이 증가하거나, 스트레스 호르몬인 코르티솔의 생성이 줄어들기 때문일 수도 있다. 중요한 사실은 달리기가 그 어떤 약보다 좋은 효과를 발휘한다는 것이다.

달리기는 우울증에도 탁월한 효과가 있다. 우울증은 신경 형성 감소와 밀접한 연관이 있다. 프로작과 같은 선택적 세로토닌 재흡수 억제제가 새로운 뇌세포의 성장을 촉진할 수도 있다. 그런데 달리기를 하면 약물 없이도 자연스럽게 뇌세포의 성장이 촉진된다. 같은 효과를 얻을 수 있으면서 효능은 훨씬 크고, 약물이 가지고 있는 부작용으로부터 자유로울 수 있다.

달리기를 할 때 뇌 안에서는 고통을 이겨 내기 위해 엔도르핀이라는 호르몬이 분비된다. 엔도르핀은 그리스어로 안쪽이라는 뜻의 '엔도endo'와 아편의 주성분인 '모르핀morphine'을 합성한 단어로 한마디로 '뇌 속의 마약'이라는 뜻이다. 엔도르핀이 분비되면 행복감이 생겨나고 뇌가 평온해지며 근육의 통증도 줄어든다. 달리기를 즐기는 사람들이 소위 말하는 러너스 하이runner's high를 경험하는 것도 이 순간에 통증을 잊기 위해 엔도르핀이 대량으로 방출되기 때문이다.

2008년에 뮌헨 공과대학의 헤닝 뵈커Henning Boecker 교수는 10명의 육상선수를 2시간 동안 뛰게 한 후 달리기 전후로 양전자 방출 단층 촬영 PETPositron Emission Tomography 검사를 실시했다. 검사를 위해 연구진은 인체에 무해한 특수 방사성 물질을 투여했는데, 뇌에서 모르핀 수용체를 둘러싸고 엔도르핀과 경쟁하는 물질이었다. 즉 엔도르핀 방출이 적으면 많은 방사성 물질과 결합하지만 엔도르핀 방출이 많으면 방사성 물질과의 결합은 줄어든다. 실험 결과, 달리기를 한 후 육상선수들의 뇌에서 방사성 물질의 결합량이 달리기 전에 비해 훨씬 낮아졌다. 이는 뇌에서 엔도르핀 방출이 늘었다는 것을 나타낸다. 엔도르핀이 가장 많이 방출된 부위는 전두엽과 감정의 뇌인 변연계였다. 사랑에 빠지거나 설렘을 느낄 때 활성화되는 부위이기도 하다.

연구진은 심리 검사도 실시했는데, 달리기를 하고 난 후 대다수의 사람들이 만족감과 행복지수가 상승했다. 방출된 엔도르핀의 양과 비례해 엔도르핀 분비가 많은 사람일수록 달리기를 하고 난 후 만족감과 행복감이 높았다. 결국 달리기를 하면 뇌가 활성화되고 정신적인 측면에서의 만족감도 높아지므로 건강하게 살려면 달리기를 꾸준히 하는 것이 바람직하다. 만일 무릎이 안 좋거나 여러 가지 몸의 여건상 달리기 힘들다면 빠른 파워 워킹도 도움이 된다. 특히 해가 있는 낮에 빠른 속도로 걷는 것이 좋은데, 햇빛은 천연 세로토닌 합성제이며 몸을 움직이는 것은 이 과정을 촉진하기 때문이다.

달리기나 운동은 몹시 귀찮은 일이다. 몸을 혹사시킬 뿐 아니라 자신과의 싸움에서 이겨야 하기 때문이다. 하지만 운동은 단순히 몸을 단련하는 수단만이 아니며 정신 건강을 유지하는 수단이기도 하다. 좋은 삶은 육체와 정신의 건강이 균형을 이룰 때 이루어진다. 그러니 내 맘대로 되지 않은 삶을 바꾸려면 운동에 조금 더 투자를 하는 것도 좋겠다. 지금보다 훨씬 만족스럽고 행복한 삶을 살 수 있을 테니까.

비만을 막기 위한 첫걸음

TV 속에는 '큐'가 숨어 있다

한동안 요리사들이 등장하는 프로그램이 인기를 누리더니 이제는 소위 '먹방'으로 불리는 프로그램이 TV 채널을 장악했다. 전문 요리사들의 '요리 대결'이나 '맛집 소개'는 물론이고, 묻지도 따지지도 않고 주구장창 먹어 대기만 하는 프로그램도 성행이다. 그런 트렌드 탓인지 요즘에는 유튜브에서도 먹방이 대세다. 먹방 전문 유튜버들 중에는 수입이 억대를 넘어 수십억에 이르는 사람도 있다고 한다.

사람들이 이토록 먹방에 집착하는 이유는 무엇일까? 왜 우리 사회에서 먹방은 주요한 트렌드가 됐을까? 벌써 꽤 오랜 시간이 지났으니 이제 그 열기가 수그러들 만도 한데 여전히 먹방에 대한 인기가 식지 않는 이유는 무엇일까? 아마도 여러 가지 이유가 있을 것이다. 다른 사람들이 맛있게 먹는 모습을 보며 대리 만족을 느끼기 때문일 수도 있고 시간적, 경제적 여유 탓에 맛있는 음식에 대한 정보를 얻고자 하는 사람들이 늘었기 때문일 수도 있다. SNS가 발달하면서 '자기 자랑'이나 '과시'의 욕구를 충족하기 위한 정보 수집의 목적도 있을 것이다. 한편으로는 가족과 떨어져 살면서 친구조차 많지 않아 사회적 관계가 빈곤한 젊은 층이 인간관계에서 충족되지 않는 욕구를 먹방을 보며 식욕을 채우는 것으로 대신하는 것인지도 모른다. 분명 먹방 뒤에 사회 문화적인 요인이 도사리고 있다.

먹방은 그것을 지켜보는 사람들에게 어떤 영향을 미칠까? 당연히 따라하고 싶은 마음을 심어 준다. TV 프로그램이나 광고에는 '큐Cue'라고 하는 것이 숨어 있다. 은연중에 시청자의 뇌를 자극해 동일한 행동을 부추기거나 광고하는 물건을 구매하게 만드는 등 특정한 방향으로 행동을 이끄는 잠재된 힘을 말한다. 한마디로 숨은 메시지라는 의미이다.

예일대학의 제니퍼 해리스Jennifer Harris 교수 팀은 TV의 식품 광고가 식습관에 미치는 효과를 알아보기 위해 실험을 진행했다. 7세와 11세 사이의 어린이 118명을 모집한 후 그들을 두 집단으로 나누었다. 그리고 아이들에게 TV로 만화 영화를 보게 했는데, 한 집단에는 30초짜리 식품 광고 네 편이 포함된 만화를 보여주고, 다른 집단에게는 식품 광고 없이 오로지 만화만 보여주었다. 첫 번째 집단이 본 광고에 포함된 음식은 시리얼이나 달콤한 시럽을 곁들인 와플 스틱, 과일 맛 나는 젤리, 감자 칩 등 설탕이 많이 함유된 음식들이었다. 실제 어린이들이 즐겨보는 TV 프로그램 광고에 가장 많이 등장하는 제품들이기도 하다. 이 광고에 등장하는 메시지는 이것을 먹으면 신나고 행복하다는 것이었다.

만화를 시청하는 동안 연구진은 양쪽 집단의 어린이들에게 치즈 크래커를 큰 그릇에 가득 담아 나누어 준 뒤, 먹고 싶은 만큼 먹으라고 했다. 만화 시청이 끝나고 어린이들이 집으로 돌아간 후 연구진은 아이들이 먹다 남은 크래커의 무게를 측정해 보았다. 그랬더니 식품 광고가 포함된 만화를 본 아이들이 식품 광고 없는 만화를 본 아이들보다 크래커를 45% 정도 더 많이 먹었다. 무려 절반 가까이 더 많은 크래커를 먹은 셈이다.

비만이 되지 않으려면 먹방부터 끊어라

TV처럼 외부로부터 음식에 대한 큐가 주어지면 편도체는 시상하부를 자극해 음식물을 섭취하도록 만든다. 실제로 얼마나 많은 음식을 먹었느냐, 음식 섭취로 인해 배가 부르느냐와는 상관없이 자극이 주어지면 습관처럼 먹을 것을 찾는 것이다. 큐가 노골적으로 드러나지는 않지만 TV를 보는 동안 시청자들은 그 프로그램이 전달하는 큐를 끊임없이 받아들인다. 그리고 결국은 그것에 넘어가고 만다. 먹방을 보다가 참지 못하고 라면을 끓여 먹거나 야식을 배달시키고, 다음 날 그 맛집을 찾아가는 식으로 말이다. 먹방을 보는 사람들 중 상당수는 프로그램을 보다가 혹은 프로그램이 끝난 후 무언가를 먹는다.

문제는 먹방이 비만을 불러일으킨다는 데 있다. 실제로 2019년 국민건강 영양조사 주요 결과에 따르면 지난 20년간 비만 유병률은 크게 증가했다. 특히 여성보다는 남성들의 비만이 늘어난 것으로 나타났다. 여성들의 경우 몸무게 관리에 각별한 신경을 쓰므로 비만의 숫자가 크게 늘지는 않았지만 치킨이나 피자 등 기름진 음식을 과다 섭취해 콜레스테롤의 혈중 농도가 높아지는 추이를 보였다. 아마도 2020년에 몰아닥친 코로나19 탓에 집에서 지낸 시간이 늘면서 체중이 늘어난 사람들도 많을 것이다.

비만이 각종 성인병이나 심혈관 질환에 안 좋다는 것은 상식이다. 누구나 알면서도 사람들은 쉽게 먹을 것을 줄이지 못한다. TV나 유튜브 등 대중매체에서 성행하는 먹방 프로그램도 단단히 한몫을 하고 있다. 비록 인지하지는 못하지만 프로그램을 시청하는 동안 큐는 끊임없이 두뇌의 잠재의식을 자극하기 때문이다. 그러므로 건강하게 살고 싶다면 먹방 시청을 자제하는 것이 좋다. 의지에는 한계가 있고 인내력은 발휘할수록 고갈되게 마련이므로 가장 좋은 방법은 먹방 자체를 보지 않는 것이다.

호두가 머리에 좋은 진짜 이유

치아가 튼튼할수록 치매에 걸릴 확률이 낮다

바야흐로 100세 시대라고 하지만 안타깝게도 85세 이상 노인의 반 정도가 치매에 걸린다고 한다. 뇌가 노화되면 맑은 정신을 유지하기 어려운 것이다. 만일 85세에 치매에 걸린다면 100세가 될 때까지 무려 15년을 치매 속에서 살아야 하니 오래 사는 것이 축복 아닌 고통이 되는 셈이다. 그런데 치매를 예방하는 방법은 많지만 단순히 음식을 먹는 방법만 바꿔도 치매 예방 효과를 높일 수 있다.

일본의 이와테 현 오슈 시의 간호 시설에 사는 89세 할머니는 치매 때문에 아들의 이름을 잊어버렸고 여러 장소를 배회하는 전형적인 치매 증상을 보였다. 할머니는 치아가 좋지 않아 주로 씹지 않고 삼킬 수 있는 유동식으로 식사를 해야 했다. 그런데 틀니를 한 뒤 제대로 씹어서 식사할 수 있게 되자 치매 증상이 개선되기 시작했다. 아들 이름을 그 자리에서 말하고 정처 없이 배회하는 증상도 사라진 것이다.

또 다른 예로 뇌경색으로 말미암아 치매에 걸린 86세 할머니는 말을 걸어도 제대로 대답조차 할 수 없는 상태로 악화됐다. 병간호를 하던 딸은 어머니가 조금이라도 호전되기를 바라면서 치과 의사와 상담해서 틀니를 만들고 씹어서 식사할 수 있도록 옆에서 꾸준히 도왔다. 그러자 할머니의 증상이 차츰 좋아졌다. 웃는 얼굴로 '맛있다'는 느낌을 표현했고 3개월 후에는 스스로 식사도 하고 화장도 할 수 있을 만큼 좋아졌다.

늘 누워서 지내던 83세의 할아버지 역시 마찬가지였다. 자신에게 맞지 않았던 틀니를 조정해서 무엇이든 씹을 수 있는 상태가 된 뒤 1개월 정도 만에 치매 증상이 개선됐다. 평소에 좋아하던 튀김을 먹어도 별로 반응이 없었는데 맛을 느낄 수 있게 되었다고 한다. 서서히 침대에서 일어나 생활하고 자립도도 크게 개선됐다. 3개월이 지난 후부터는 지팡이를 짚고 혼자서 치과에 다닐 정도로 회복됐다.

마치 "믿습니까?" 하며 혹세무민하는 사이비 종교 같은 내용이지만 이는 실제 사례들이다. 치아에 부담을 주지 않을 정도로 딱딱한 음식을 꼭꼭 씹어 먹는 것은 치매 치료에 효과가 있다고 한다. 반면에 나이 들어서 씹지 않고 음식물을 섭취하면 뇌에 해로울 수 있다. 이가 없어

튜브 등을 사용해 영양 물질을 직접 위로 투입하는 경우 치매 증상이 악화된 사례가 있고, 링거와 같은 액체로만 영양을 공급받는 환자들도 치매가 쉽게 발병할 수 있다고 한다. 무조건 씹는다고 해서 치매가 치료되는 것은 아니지만 치매 치료에 씹는 것이 어느 정도는 효과가 있다는 얘기다. 또 치아가 빠진 후 틀니 등 의치를 사용하지 않고 그대로 살아가는 사람들은 20개 이상의 치아를 가진 사람에 비해 치매 발생 위험이 1.9배나 높다고 한다.

호두 같은 견과류가 머리에 좋다는 것은 이미 잘 알려져 있다. 호두에 들어 있는 영양 성분 때문이기도 하지만 그것을 섭취하려면 씹는 행위가 반드시 있어야 하기 때문이다. 따라서 호두를 많이 먹으면 씹는 행위가 늘어날 수밖에 없고 치매에도 효과가 있는 것이다.

그런데 정말 씹는 행위가 치매를 예방하거나 개선할 수 있을까? 알츠하이머병에 걸리면 뇌 안에서 아세틸콜린이라는 신경전달물질의 분비가 줄어든다. 이는 부교감신경과 운동 신경의 정보를 전달하고 혈관을 확장하거나 소화 기능과 발한을 촉진하는 작용을 하고, 인지 기능의 기반이 되는 주의력과 집중력, 학습과 기억, 수면, 아침에 기력을 차리고 눈을 뜨는 것 등과도 연관이 있다. 아세틸콜린이 부족하면 인지 장애 등의 증상이 생기는데, 씹지 못하는 쥐의 아세틸콜린 양은 정상적인 쥐에 비해 상당 수준 감소한 상태였다. 또한 아세틸콜린으로 작동하는 신경계의 기능이 저하되면서 기억력, 주의력, 집중력 등 인지 기능이 떨어질 수 있다.

씹기는 뇌를 활성화하고 신경 재생을 돕는다

씹는 행위는 무척 폭넓은 범위에서 두뇌에 영향을 미친다. 신경과학자들의 연구에 따르면, 껌을 씹으면 감각 영역, 운동 영역, 연합 영역 등 뇌의 다양한 부위가 활성화된다고 한다. 하지만 마른 오징어처럼 지나치게 딱딱한 음식물을 씹으면 소뇌를 제외한 다른 두뇌 부위의 활성화가 오히려 저하된다고 하니 적당히 딱딱한 음식을 의식하면서 씹어야 뇌의 광범위한 부분을 활성화할 수 있다.

씹는 행동은 해마에서의 신경 재생과도 밀접한 관계가 있다. 출생 직후부터 부드러운 사료만 먹인 쥐는 새로운 세포 생성에 둔하고 해마와 두정엽의 시냅스 형성이 감소해 공간 인지 기능이 크게 떨어졌다고 한다. 부드러운 음식물만 먹으면 해마에서 새로운 세포 형성이 어렵고, 해마의 노화도 빨라진다는 것이다. 치매가 해마로부터 시작된다는 것을 이해하면 씹는 행위가 해마의 노화 속도를 늦추고 치매 예방에도 효과가 있음을 유추할 수 있다.

반면 해마에서의 신경 재생이 늘어나면 기억력도 좋아질 수 있다. 일본의 연구진이 피험자들을 두 그룹으로 나누고 한 그룹만 2분간 껌을 씹게 한 뒤 두 그룹에게 64장의 익숙한 풍경 사진을 보여주었다. 그런 다음 이 중 절반인 32장의 사진을 약간 변형해 보여주고 달라진

점을 찾아내도록 했다. 실험 전 2분간 껌을 씹은 그룹과 그렇지 않은 그룹을 비교해 보니, 젊은 사람들은 껌을 씹든 씹지 않든 기억력에 큰 차이가 없었으나 고령자는 정답률이 현저하게 증가했다. 껌을 씹으면 기억력이 향상될 수 있음을 보여주는데, 해마로 들어가는 정보가 풍부해지고 해마가 활성화되며 신경 네트워크가 자극되기 때문이다.

씹는 행위가 두뇌에 좋은 이유는 두뇌로 가는 대부분의 혈관이 지나가는 부위가 턱이므로 이곳을 움직이면 혈류의 흐름이 좋아지기 때문이다. 씹는 행동은 턱을 계속 움직여 귀밑샘을 자극하고 귀밑샘에서 분비되는 파로틴이라는 호르몬의 분비 기능을 유지해 치아, 뼈, 근육, 혈관 등을 강화시키는 역할을 한다. 따라서 신진대사를 좋게 해서 피부색을 윤택하게 하고 노화를 방지한다.

음식물을 꼭꼭 씹는 행위는 뇌경색도 막을 수 있다. 씹는 행동을 할 때 아디포넥틴adiponectin이라는 혀 꼬이기 딱 좋은 이름의 호르몬 분비가 증가된다. 이는 지방 세포에서 분비되는 호르몬 가운데 하나로 고혈압, 고혈당, 지방질의 불균형으로 손상을 입은 혈관을 치료하는 작용을 한다. 아디포넥틴 분비가 줄면 혈관 손상이 커지고 동맥경화가 심해진다.

나는 많은 나라 사람들과 밥을 먹어 봤지만 우리나라 사람처럼 밥을 빨리 먹는 사람은 보지 못했다. 특히나 남자들은 군대에서 밥을 빨리 먹는 것이 습관이 된 탓에 밥을 서둘러 먹는 편이다. 하지만 씹는 행위는 두뇌 건강뿐 아니라 스트레스와 기억력 등 모든 측면에서 유익하므로 식사할 때 천천히 꼭꼭 씹어 먹는 것이 좋다. 젊어서는 큰 차이가 없을지 몰라도 나이 들어 치매에 걸릴 확률을 바꿔 놓을 수 있다.

한마디 덧붙이면, 입 속을 깨끗하게 유지할수록 인지 기능 향상에 도움이 된다. 61세에서 75세 사이의 건강한 고령자에게 '간이 정신 진단 검사'를 실시한 결과, 설태 제거나 이 닦기를 해서 입을 깨끗하게 유지한 그룹이 그렇지 않은 그룹에 비해 높은 점수를 받았으며 나이가 많을수록 효과가 크게 나타났다. 그러므로 귀찮더라도 꼬박꼬박 양치질을 하고 건강한 치아를 유지해서 씹는 능력이 퇴화되지 않도록 노력해야 한다.

개천에서 용 나던 시절은 지난 걸까?

가정의 소득 수준이 두뇌 발달에도 영향을 미친다

성장기의 가정 환경이 두뇌 발달에 영향을 미칠까? 정답은 '그렇다'이다. 미국 위스콘신 대학교의 바버라 울프~~Barbara L. Wolfe~~ 교수와 듀크대의 제이미 핸슨~~Jamie Hanson~~ 교수 등 공동 연구진이 4세에서 22세 사이의 398명을 대상으로 수행한 연구 결과, 가정의 소득 수준과 두뇌의 기능 사이에 높은 상관관계가 있는 것으로 나타났다. MRI 검사 결과, 미국 연방 정부가 설정한 빈곤선인 연소득 2만 5,000달러보다 소득이 낮은 빈곤층의 자녀는 뇌의 회백질 부위가 또래에 비해 평균 8~10% 적었다. 회백질이 적은 부위는 주로 행동과 학습을 관장하는 전두엽과 측두엽 부위였다. 빈곤선 바로 위 소득 수준 가정의 자녀들도 회백질의 양이 평균보다 3~4% 정도 적었다.

4인 가족 기준 연소득 2만 5,000달러 이하 가정의 빈곤층 어린이는 시험에서 학습 성취도가 다른 어린이들보다 20% 정도 뒤처졌다. 1세에서 4세 아이의 유아 77명을 대상으로 두뇌 발달과 가난의 관계를 조사한 결과, 유아기에는 두뇌 발달에 차이가 거의 없지만 성장하며 차이가 발생하는 것으로 확인됐다. 소득 수준이 빈곤선보다 낮은 가정의 자녀는 고소득층 자녀보다 회백질의 양이 적은 것으로 나타났다. 가정의 소득 수준이 두뇌 발달에 영향을 미치는 것이다. 다만 중산층 이상의 경우는 소득이 증가하더라도 두뇌 발달에는 별 차이가 나타나지 않는다.

2015년 3월《네이처 뉴로사이언스》에는 또 다른 논문이 실렸는데 3세에서 20세 사이의 1,099명을 조사한 결과, 빈곤층 자녀의 뇌 표면적이 또래보다 작다는 연구 내용이었다. 연방 정부 빈곤선과 비슷한 연소득 2만 5,000달러 미만 가정의 자녀는 연소득 15만 달러 이상 가정의 자녀보다 뇌 표면적이 약 6% 작았다고 한다.

대뇌는 크게 회백질과 백질 부위로 나뉜다. 회백질은 연한 회색빛을 띠는 부위로 신경세포체를 나타낸다. 백질은 하나의 신경세포체를 다른 신경세포체와 연결하는 축삭 혹은 축색 부위로 지방질로 덮여 있어서 하얗게 보인다(실제로 살아 있는 뇌에서 회백질은 분홍색을 띤 황갈색으로 보이고 백질은 옅은 분홍색으로 보인다고 한다. 사후에 이것을 보존제에 담그면 회

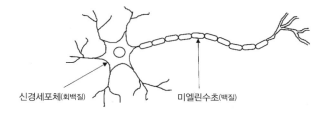

신경세포체(회백질)   미엘린수초(백질)

뇌에서 회색으로 보이는 부분은 신경세포체이며 지방으로 덮인 축색 부위는 흰색으로 보인다.

색과 백색이 나타나는 것이다). 따라서 회백질이 많다는 것은 신경세포가 많다는 것이고 회백질이 적다는 것은 그만큼 신경세포가 적다는 것을 의미한다.

　가난한 집 아이들의 회백질이 또래보다 적다는 것은 신경세포의 수가 그만큼 적다는 것이며 뇌 표면적이 작다는 것도 결국 신경세포의 수가 적다는 것을 나타낸다. 신경세포체의 수가 적다 보니 뇌의 밀도가 낮아지고 부피가 적어지는 것이다. 모든 두뇌 활동은 신경세포를 통해 이루어지므로 회백질이 적다는 말은 두뇌에서 필수적으로 수행해야 할 일들을 처리하는 능력이 떨어지는 등 두뇌 효율이 낮다는 것을 나타낸다. 즉 두뇌에서 정보를 받아들이거나 분류하고 가공하고 처리해 저장하는 기능을 할 수 있는 영역이 그만큼 적고 효율이 떨어진다는 뜻이다.

　특히나 전두엽과 측두엽은 논리적이고 이성적인 사고 활동과 학습, 기억 등과 깊이 관련 있는 부위다. 이러한 모든 활동은 신경세포 간의 전기적 신호 전달과 시냅스에서 분비되는 화학물질에 의해 이루어지는데, 신경세포의 수가 적으면 활동을 제대로 할 수 없다. 즉 가난한 집의 아이들은 중산층 이상의 소득 수준을 가진 집의 아이들에 비해 상대적으로 학습이나 기억, 사고나 판단 능력이 떨어질 수밖에 없는 것이다. 특히 전두엽의 앞쪽에 있는 전전두엽은 뇌의 종합 컨트롤타워나 마찬가지이며 이 부위에서 관장하는 작업 기억은 성적과 직접적으로 관련이 있다. 따라서 이 부위의 신경세포가 적으면 그만큼 학업 성취도도 낮을 가능성이 높다.

뇌는 노력하면 바꿀 수 있다

인지 능력이나 언어 능력, 정서나 심리, 감정 조절 등 전두엽이나 측두엽이 관장하는 기능과 관련된 측면에서도 가난한 집의 자녀들은 상대적으로 취약하다. 많은 학문적 교육을 받은 사람이 정식 교육만 받은 사람보다 더 길고 넓게 분포된 수상돌기를 가진다는 연구 결과도 있다. 수상돌기가 길고 넓을수록 주위의 많은 신경세포들로부터 다양한 정보를 받아들이는 것이 당연하다.

영양가 높은 음식과 풍부한 놀잇감, 많은 친구와 가족 등은 축삭과 수상돌기의 발아를 촉진한다. 중산층 이상의 가정에서 자라는 아이들은 가난한 집 아이들에 비해 이러한 혜택을 받을 기회가 더 많고, 그러한 경험의 차이는 특정 감각 체계에 할당되는 뇌의 양을 증가시키거나 감소시킬 수 있다. 가난이 두뇌 발달을 저해하는 이유에 대해 아직 구체적으로 밝혀지지 않았지만, 환경과 경험에 의해 달라지는 뇌의 특성을 고려할 때 두뇌 발달에 필요한 자극을 가정에서 충분히 받지 못한 것일 가능성이 가장 크다. 가난한 집은 엄마가 생계를 위한 경제 활동을 할 수밖에 없으므로 아이와 놀아 줄 시간이 상대적으로 부족하고 신체 접촉이나 시청각 등의 자극이 부족할 수밖에 없다. 놀잇감이 부족한 것은 말할 필요도 없고 영양소를 골고루 섭취할 수 없다.

양육 환경은 이처럼 두뇌 발달에 지대한 영향을 미치는데 지능뿐 아니라 개인의 정체성, 사회화, 살아가는 방식 등 다양한 면에 영향을 미친다. 정신분석학자인 르네 스피츠Rene Spitz 박사는 애정 어린 양육은 아이가 정상적으로 발육하는 데 필수적인 요소라고 주장했다. 원생들을 아끼고 배려하는 고아원에서 자란 아이들조차 애정 어린 부모 밑에서 자란 아이들보다 뇌 발달이 저하됐다고 한다. 또 다른 연구에서는 고아들을 두 그룹으로 나누어 첫 번째 그룹의 아이들은 위탁 가정으로 보내고, 나머지 아이들은 그냥 시설에서 머물게 했다. 수년이 지난 후 이들의 지능지수를 검사하자 고아원에 머물렀던 아이들에 비해 위탁 가정에서 자란 아이들의 지능지수가 높게 나타났다.

가슴 아프지만 과학을 통해 본 현실은 그렇다. 모두가 가난했던 과거에는 개천에서 용이 나기도 했지만 이제는 기와집에서 용이 나는 시대다. 그렇다고 해서 가난을 숙명으로 받아들이고 포기하라는 말은 결코 아니다. 이 글을 쓰는 목적은, 비록 가난이 어린아이들의 두뇌 성장에 큰 영향을 미치긴 하지만 부모들의 애정과 노력으로 일정 수준은 따라잡을 수 있다는 것을 말하기 위해서다. 비록 영양적인 측면의 불균형은 어쩔 수 없다 할지라도 아이와 함께 가급적 많은 시간을 놀아 주고 흙이나 자갈 같은 것이라도 장난감 삼아 놀게 하고, 손과 몸을 많이 사용하는 운동을 즐기게 하면 상위층과의 지능적 차이를 어느 정도 줄일 수 있다. 가난해서 포기할 것이 아니라 가난하더라도 그 어려움을 이겨 냈으면 하는 바람이 간절하다.

PART 2

뇌를 알면 원만한 인간관계를
유지할 수 있다

바다 한가운데 등대에서 2년을 버틸 수 있을까?

실험 참가자들은 왜 막대한 돈을 포기했을까?

몸과 두뇌는 따로 떼어 놓고 생각할 수 없다. 몸은 뇌의 영향을 받아 움직이며 뇌는 몸에서 받아들인 감각을 이용해 감정이나 정서를 만들어 낸다. 뇌 없는 몸을 상상할 수 없는 것처럼 몸 없는 뇌도 상상할 수 없다.

인터넷에 아래와 같은 장소에서 주어진 근무 조건을 충족하며 견딜 수 있겠느냐는 질문이 올라온 적이 있다.

• 근무 장소는 사방에 아무것도 보이지 않는 절해고도의 등대. 반드시 혼자 근무해야 하며 근무지를 이탈해서는 안 됨.

- 근무 기간은 2년이며 휴가는 없음. 2년 만기 근무 시 10억 원 일시 지급.

- 근무 내용은 밤에 불을 켜고 아침에 끄는 것. 일주일에 한 번 헬기로 15만 원 내외의 생필품 보급. 자체 발전기로 전기 사용 가능.

- 컴퓨터는 있으나 인터넷은 안 됨.

이 질문을 던지면 다수의 사람들이 "충분히 견딜 수 있다."고 대답한다. 10억 원이라는 돈이 적지 않으니 할 수 있다고 큰소리를 친다. 하지만 장담하건대 2년의 기한을 채우고 10억 원의 거금을 손에 쥐는 사람은 단 한 명도 없을 것이다. 헵이라는 신경과학자가 그 이유를 잘 말해 준다.

1950년대 캐나다 신경심리학자 도널드 헵Donald Hebb은 제자인 월터 벡스턴Walter Bexton과 함께 기발한 실험을 했다. 학생들에게 매일 20달러씩 주고 바깥 소리가 차단된 공간에 그냥 앉아 있게만 한 것이다. 외부의 소리가 전혀 들리지 않고 에어컨에서 쉭쉭 하는 바람소리가 지속적으로 들렸다. 그로 인해 피험자들은 자신의 숨소리나 심장 박동 소리, 침 삼키는 소리 등을 전혀 들을 수 없었다. 헵은 피험자들에게 색깔이 짙은 안경을 씌워 시각을 차단했고 의자에는 엄청나게 푹신한 쿠션을 깔아 허벅지나 엉덩이를 통해 전달되는 감촉을 느끼지 못하게 했다. 또한 요리 장갑처럼 안에 솜을 두툼하게 댄 장갑을 끼고 두꺼운 마분지로 만든 원통을 팔에 껴 팔의 촉각마저 차단해 버렸다. 시각, 청각, 촉각 등 외부 감각이 모두 차단된 상태로 만든 것이다.

1950년 당시 하루에 20달러라면 엄청나게 큰 금액이었으므로 많은 사람들이 앞다투어 실험에 지원했다. 하지만 대부분이 정해진 일주일의 기한을 다 채우지 못하고 겨우 이틀이 지난 후 실험을 포기했다. 일주일을 꽉 채운 지원자는 단 한 명도 없었다. 실험이 시작되자마자 피험자들은 집중력이 크게 약해지는 증상에 시달렸다. 무언가 한 가지 생각에 집중하려고 해도 갈피를 잡지 못하고 엉뚱한 길로 빠지곤 했다. 실험 중간 실시된 인지 능력 테스트에서는 형편없는 점수를 기록했다.

피험자들 중 상당수는 실험 도중 환청이나 환상을 경험했다. 몇몇은 음악 소리를 들었고, 일부는 벽지 무늬를 보았으며, 어떤 사람들은 아기와 마주치거나 개가 총알에 맞는 장면을 목격하기도 했다. 어느 피험자는 조그마한 다람쥐가 겨울용 부츠를 신고 배낭을 멘 채 실험실에서 활발하게 돌아다니는 광경을 보았다고 했다. 또한 밀림을 헤매다가 원시 시대 괴수를 만나는 환각에 빠진 피험자도 있었다. 일부 사람들은 실험이 끝난 뒤에도 주변의 사물과 사람들의 윤곽이나 크기가 자꾸 변형돼 보여 실제 모습으로 인식하는 데까지 오랜 시간이 걸렸다고 고백했다.

외부 자극이 없으면 뇌는 환상에 빠진다

절해고도의 등대에서 근무하는 상황은 헵이 연출한 상황과는 상당히 다르다. 눈이나 귀, 손 등 외부에서 입력되는 감각을 차단하는 장치들은 아무것도 없다. 그렇지만 생각해 보면 별반 다르지 않다. 시각 정보는 하루 24시간 동안 전혀 변함이 없을 것이다. 파도치는 바다와 끝도 없이 펼쳐진 하늘뿐. 청각 정보는 오로지 단조로운 파도 소리만 들릴 것이다. 후각 정보는 비릿한 바다 냄새 또는 축축한 습기 냄새 정도가 전부일 것이다. 다른 감각은? 인위적으로 차단하지 않아도 24시간 내내 별다른 자극이 주어지지 않을 것이며 따라서 촉각이나 통각 등 다른 감각들도 무뎌질 것이다. 이렇듯 외부 감각에 변화가 없다는 것은 자극이 멈춘 것이나 다름없다. 일주일이나 이주일 정도는 그 상태로 지낼 수 있을지라도 2년을 지낸다는 것은 불가능에 가깝다. 어쩌면 10억 원의 돈을 쥐기 전에 정신 이상 상태가 돼서 나올 수도 있다.

인간은 아무것도 하지 않거나 텅 빈 상태를 견디지 못한다. 특히나 헵의 실험에서 피험자들이 견딜 수 없는 점은 외부로부터 입력되는 감각이 철저하게 차단된 상태라는 것이다. 즉 두뇌에 전달되는 외부 자극이 전혀 없다는 얘기다. 이렇게 아무런 자극도 없는 상태, 텅 빈 상태를 인간의 두뇌는 위협적으로 느낀다. 인간이 외부로부터 입력되는 자극을 박탈당하면 심한 경우 정신 착란을 일으킬 수 있다. 두뇌는 외부의 감각을 느끼고 그에 적합하게 반응하는 일이 주 임무이기 때문에 외부로부터 자극이 없을 때 두뇌의 모든 감각 기관들은 할 일이 없어진다. 그러면 자극 없이는 견딜 수 없는 뇌는 스스로 일을 꾸며내어 자극을 공급하는 수밖에 없다. 환상이나 환청 등이 나타나는 것도 결국은 감각 기관이 만들어 낸 헛것인 셈이다. 헵은 뇌의 감각 영역이 자극을 받지 못하면 그와 관련된 신경세포는 자기 자신에게 몰두할 수밖에 없고 결국 인간은 환상에 빠지게 된다고 했다. 실수로 냉동 창고에 갇힌 사람이 환상에 시달리다 죽었다는 이야기도 일리가 있다.

버지니아 대학교 티모시 윌슨Timothy Wilson 교수는 조금 다른 실험을 했다. 400여 명의 사람들을 대상으로 15분간 아무것도 하지 않으며 한 가지 주제를 생각하게 했다. 감각을 차단하지도 않았다. 그럼에도 불구하고 그들 중 과제를 제대로 수행한 사람은 거의 없었고 정신적 불안을 호소한 사람도 있었다.

이후 윌슨 교수는 다소 변형된 실험을 고안해 냈다. 이번에는 피험자들에게 작은 오락거리를 제공했는데 다름 아닌 전기 충격기였다. 버튼을 누르면 스스로에게 전기 충격을 가하도록 만든 것이다. 전압은 겨우 9볼트로 심한 고통은 아니지만 살짝 불쾌감을 느낄 수준이었다. 실험에 앞서 윌슨 교수는 자학 성애자_{masochist}를 골라내기 위한 테스트를 진행해 고통을 즐기지 않는 정상적인 사람들만 실험에 참여하도록 했다.

실험은 전과 동일하게 진행됐다. 아무것도 하지 않으면서 한 가지 주제에 대해 생각하기만 하면 되는 것이다. 하지만 실험에 참여한 사람들 중 3분의 2가 최소한 한 번 이상 전기 충격기를 눌렀다. 15분간의 평균치는 일곱 번이었다. 어떤 피험자는 15분간 백구십 차례나 스스로에게 전기충격을 가했다. 주어진 상황을 참을 수 없어 연신 버튼을 눌러댄 것이다.

헵과 벡스턴, 윌슨의 실험을 보면 고립된 등대에서 2년을 지내기란 불가능하다는 것을 깨닫게 된다. 때로는 사람들로부터 상처받아 인간 세상에 환멸을 느끼기도 하지만 인간은 자극 없이는 견딜 수 없는 존재다. 아무리 잘난 사람도 주위 사람들과 어울리며 소통하지 않고서는 살아갈 수 없다. 코로나로 말미암아 집에서 혼자 보내는 시간이 많아지면서 우울증 환자가 덩달아 늘어났다는 것이 이를 증명한다고도 할 수 있다. 그렇다면 혼자 고립되기보다는 가급적 주변 사람들과 넓게 교류하며 지내는 것이 좋을듯 싶다.

진통제가 실연당한 사람에게도 효과가 있을까?

사회적 소외는 물리적 폭력과 동일하다

인간은 사회적 동물이지만 사람 사이의 관계가 늘 쉬운 것만은 아니다. 직장인들 중 상당수는 일 자체보다 사람 때문에 직장 생활을 힘들어한다. 사람들이 겪는 심리적 고통 중 상당수는 인간관계에서 야기된다. 특히나 사람들 사이에서 소외되는 것은 크나큰 고통을 안겨준다.

사회적 관계를 주로 연구하는 신경과학자 나오미 아이젠베르거Naomi Eisenberger와 네이선 디 월Nathan De Wall은 다른 사람으로부터 소외됐을 때 느끼는 고통이 어느 정도 심한지 알아보기 위해 컴퓨터상에서 서로 공을 주고받는 사이버 볼 게임을 개발했다. 피험자가 컴퓨터 모니터 앞에 앉아 다른 두 명의 참가자들과 공을 주고받는 간단한 게임이다. 실제 게임에 참여하는 상대 참가자들은 사람이 아니라 컴퓨터이지만 피험자에게는 상대 참가자들 역시 사람이라고 알려준 후 게임을 시작한다.

실험이 시작되면 처음에는 피험자와 컴퓨터 속 상대 참가자들(실제로는 컴퓨터)이 서로 활발하게 공을 주고받는다. 하지만 일정한 시간이 지나면 컴퓨터 속 상대 참가자들이 피험자를 배제시킨 채 자기들끼리만 공을 주고받는다. 이는 물론 피험자가 소외감을 느끼도록 사전에 프로그래밍 한 것이었다. 실험 결과 피험자들은 다른 두 명의 상대가 자신에게 공을 던져 주지 않자 심한 소외감을 느끼기 시작했고 그 순간 사회적 네트워크를 구성하는 부위 중 하나인 전대상피질의 위쪽 부분이 활성화됐다.

신체적 고통을 느낄 때 뇌 안에서는 배측의 전대상피질 활동이 증가한다. 배측이란 등쪽, 즉 머리 위쪽이며 전대상피질은 대뇌피질과 변연계를 잇는 부위이다. 배측 전대상피질이란 전대상피질 중 등쪽으로 난 부위를 말한다. 이때 뇌섬엽이라는 부위도 함께 활성화되는데 귀 부근에 자리한 측두엽 안쪽 깊숙한 곳에 자리 잡고 있어 외부에서는 보이지 않지만 신체 내부에서 올라오는 모든 감각을 느끼는 부위다. 몸에서 느끼는 모든 정보에 대해 변연계와 밀접히 연관돼 감정 인식을 한다. 미각적으로나 심리적으로 역겨움을 느끼는 부위이기도 하며 전대상피질과 함께 고통을 느낄 때 활성화되는 부위다.

신체적인 고통뿐만 아니라 사이버 볼 실험처럼 사회적 괴로움을 경험할 때도 배측 전대상피질과 뇌섬엽의 활동이 활발해진다. 신체적 고통을 느낄 때 활성화되는 부위와 누군가로부터 소외당하는 사회적 고통을 느낄 때 활성화되는 부위가 다르지 않다는 것이다. 이 말은 뇌가 두 가지 고통을 구분하지 못하고 똑같이 받아들인다는 것을 의미한다. 실제로 우리는 사랑하는 사람을 잃을 경우 "가슴이 찢어지게 아프다." 는 말을 쓴다. 여기서 '찢어진다'는 것은 물리적인 표현이다. 실체가 없는 사회적 고통에 대해 물리적 표현을 쓴다는 것은 육체적 고통과 마음의 고통이 다르지 않음을 나타낸다. 가슴이 찢어지게 아픈 경험을 하면 실제로 사람들은 가슴에 통증을 느끼기도 한다. 결국 누군가에게 사회적 고통을 야기하면 마치 주먹질을 하는 것처럼 그 사람에게 육체적 고통을 가하는 것과 똑같다.

흔히들 '왕따'라고 하는 집단 따돌림을 가하는 사람은 별다른 죄의식을 느끼지 못한다. 하지만 사회적 고통과 육체적 고통이 다르지 않다면 다시 한 번 생각해 봐야 할 문제다. 누군가를 주먹으로 때리거나 몽둥이를 휘둘러 상처를 입히는 등 물리적 고통을 가하면 범죄 행위가 될 수 있다. 이처럼 누군가를 소외시키거나 따돌리면 그 사람은 뇌의 동일한 부위에서 고통을 느끼고 상처를 입는다. 비록 물리적인 폭력을 가하지 않았을지라도 정신적으로 그 사람을 말려 죽이는 것이나 다름없다. 명백히 나쁜 짓이고 범죄 행위인 것이다.

다행히 '직장 내 괴롭힘 방지법'을 제정해 법적으로 직장 내 집단 따돌림을 금지하고 있지만, 암암리에 행해지는 직장 또는 학교 내 왕따 행위를 제재하기 힘들다는 것이 문제다. 인간은 집단에 소속되면 신체적으로 온기를 느끼고 따돌림을 당하면 한기를 느낀다. 그러므로 누군가를 이유 없이 미워하거나 소외시키지 말고 공평하게 대해야 한다. 스스로 다른 사람들로부터 고립되는 것도 문제다. 그것 역시 스스로를 고통 속으로 밀어 넣는 것이나 다름없다. 많은 중년의 남자들이 사회생활에 지쳐 자연인과 같은 삶을 꿈꾸지만 사람들로부터 떨어져 홀로 사는 삶이 결코 행복할 리 없다.

신체적 고통과 사회적 고통은 동일하다

나오미 아이젠베르거와 네이선 디 월은 육체적 고통과 사회적 괴로움을 당할 때 활성화되는 두뇌 부위가 다르지 않다는 데에서 힌트를 얻어 일반적인 진통제로 사회적 고통을 감소시킬 수 있는지 여부를 알아보았다. 연구자들은 피험자를 모집해 두 그룹으로 나눈 뒤 3주 동안 한 그룹은 매일 타이레놀을 복용하고, 다른 한 그룹은 약 성분이 전혀 없는 가짜 약을 복용하도록 했다. 하지만 두 그룹 모두에게 무슨 약을 먹는지는 알려주지 않았다.

연구자들은 피험자들에게 매일 이메일을 보내 하루 동안 얼마나 많은 사회적 고통을 느꼈는지를 물었다. 인간관계에서 느끼는 상처라고 생각하면 된다. 9일이 지나자 타이레놀을 복용한 사람들은 가짜 약을 복용한 사람들에 비해 사회적 고통을 덜 느낀다고 답했다. 9일째부터 21일째까지 두 그룹 사이의 사회적 고통을 느끼는 정도 차이는 점점 더 커졌다.

연구자들은 fMRI를 이용해 피험자들의 뇌를 촬영했다. 이번에도 피험자들을 두 그룹으로 나눠 각각 타이레놀이나 가짜 약을 3주간 매일 복용하도록 했다. 때때로 사이버 볼 게임을 하도록 하고 이들의 뇌 영상을 촬영했다. 그 결과 3주에 걸쳐 가짜 약을 복용한 사람들은 일반적인 사이버 볼 실험에 참여한 사람들의 뇌 영상과 비슷한 반응을 보였다. 즉 그들이 다른 사람들과 어울려 게임을 하지 못하고 소외됐을 때 배측 전대상피질과 뇌섬엽의 앞쪽 부위에서 더 큰 활동이 관찰된 것이다. 반면 3주 동안 타이레놀을 복용한 사람들이 게임에서 소외됐을 때는 배측 전대상피질이나 뇌섬엽의 앞쪽 부위에서 특이한 반응이 나타나지 않았다. 고통을 처리하는 뇌의 신경망이 타이레놀 때문에 사회적 거부의 고통에 덜 민감해진 것이었다.

이 연구에서 나타난 결과를 보면 신체적 통증을 완화시키는 약물이 사회적 통증을 달래 주는 데도 효과가 있음을 알 수 있다. 두통이나 근육통처럼 육체적 고통을 느낄 때 진통제를 먹으면 통증이 가라앉는 것처럼 사회적인 상처, 즉 실연이나 누군가로부터 소외당했을 때의 심리적인 고통에도 진통 효과가 있다는 것이다. 만일 친한 친구나 가족 등 주위 사람이 사회적 관계에 상처를 입고 힘들어한다면 슬그머니 진통제를 건네는 것이 도움이 된다는 말이다.

다시 말하지만 사회적 고통도 신체적 고통과 똑같다. 누군가에게 상처를 주면 그에게 물리적 폭력을 가하는 것과 동일하다. 사람을 대할 때 반드시 명심해야 할 내용이다. 더불어 스스로도 고립되지 않고 주위 사람들과 원만하게 어울려 사는 것이 건강하고 행복한 삶을 사는 비결임을 알아야 한다.

사촌이 땅을 사거든 진심으로 축하해 줘라

시기와 질투를 부르는 비교

사람 사이의 관계는 삶의 질에 막대한 영향을 미치는데도 불구하고 때로는 스스로 마음을 다스리지 못해 관계 형성에 애를 먹는 경우도 있다. 그 중 하나가 질투 아닐까 한다. 우리는 주변의 누군가가 잘 되는 것을 보면 부러움을 느낀다. 말로는 축하한다고 하면서도 속으로는 질투심이 싹트고 뒷담화 등 해서는 안 될 일을 하기도 한다. 질투의 마음은 인간관계에 곧잘 상처를 입힌다.

2004년 뇌과학자인 타니아 싱어Tania Singer 교수는 실험 참가자들을 대상으로 돈을 주고받는 경제학 게임을 진행했다. 이 실험에는 타니아 교수와 사전에 공모한 참가자가 두 명 포함돼 있었지만 피험자들은 이 사실을 모르고 있었다. 타니아 교수는 각 실험 참가자와 파트너가 된 두 명의 공모자들 중 한 명은 불공평한 거래를 제안하고, 다른 한 명은 공평한 거래를 제안하도록 설정했다. 게임을 마친 후 공평한 거래를 제안한 공모자와 불공평한 제안을 한 공모자에게 고통스러운 전기 충격을 전달했다. 피험자는 fMRI 장비 안에 누운 채 컴퓨터 화면을 통해 그 장면을 지켜보았다.

실험 결과, 공평한 거래를 제안한 파트너에게 전기 충격을 가하자 피험자의 뇌에서 통증에 반응하는 뇌 부위가 활성화됐다. 상대의 고통에 공감한 것이다. 반면에 불공평한 제안을 한 파트너에게 전기 충격을 가하자 이번에는 활성화되는 뇌 부위가 달랐다. 공감 반응을 일으키는 대신 쾌감 중추인 측핵이 활성화됐다. 즉 불공평하다고 느낀 제안을 한 상대방이 고통을 당할 때 피험자는 속으로 쾌감을 느낀 것이다.

타니아 싱어 교수의 연구 결과를 한마디로 하면 '샤덴프로이데 schadenfreude'라고 할 수 있다. 샤덴프로이데란 독일어로 고통을 의미하는 '샤덴schaden'과 기쁨을 뜻하는 '프로이데freude'가 결합된 용어다. '다른 사람의 고통이나 불행을 보면서 느끼는 즐거움이나 기쁨'을 의미하는데, 우리나라로 치면 '꼬시다'나 '속 시원하다'에 해당한다. 일본에서 진행한 연구에도 비슷한 내용이 있다. 자신과 같은 학교에 다녔던 동창생이 큰돈을 벌고 멋진 배우자와 결혼한 상상을 하도록 하자 고통 중추가 활성화된 반면, 그 친구가 불의의 사고로 장애를 입었다고 상상하게 하자 쾌감 중추가 활성화됐다고 한다. 친구의 성공에 배가 아프고, 친구의 잘못된 일에 즐거움을 느낀다니 인간은 겉으로는 무척 관대하고 이성적으로 보이지만 속으로는 시기하고 질투하는 마음을 지니고 있다. 결국 시기와 질투는 인간의 본능에 가깝다고 볼 수 있다.

샤덴프로이데는 왜 생기는 걸까? 아마도 가장 큰 원인은 스스로를 누군가와 비교하기 때문일 것이다. 이때 심리적인 열등감을 느끼므로 고통스럽게 받아들이는 것이며, 반대로 누군가와 비교해 우월감을 느끼므로 쾌감을 느끼는 것이다. 비교 대상이 없다면 그런 감정을 느낄 일도 아예 없을 테니 말이다.

비교는 두 개의 날카로운 비수를 가진다

그렇다면 우리는 왜 스스로를 다른 사람과 비교할까? 바로 인간의 본능을 자극하는 서열 때문이다. 인간은 문명화된 사회에 살고 있는 이성적인 존재지만 뇌는 아직도 원시 시대의 본능에서 벗어나지 못한 부분이 많다. 잠시 원시 시대로 돌아가 보자. 어떤 사람들이 살아남기에 유리했을까? 힘이 세거나 싸움을 잘하는 등 상대적으로 강한 사람이 생존에 유리했다. 물론 원시 시대의 물리적인 힘이 '역량'이라는 그럴듯한 이름으로 변형돼 현대 사회에도 적용되고 있긴 하지만 말이다. 아무튼 원시 시대에 힘 있는 사람들은 무리의 높은 자리에 올랐다.

마치 사자나 원숭이 집단처럼 말이다. 자연의 세계에서 서열이 높으면 생존의 측면에서 절대적으로 유리한 위치를 차지한다. 우선 먹을 것이 생기면 제일 먼저 배를 불릴 수 있는 권한을 갖는다. 서열이 낮은 짐승들은 서열이 높은 짐승들이 먹고 남은 음식을 먹어야 하며, 배부르게 먹을 수 없을 때도 있다. 생존의 측면에서는 높은 서열이 절대적으로 유리한 셈이다.

높은 서열이 갖는 또 하나의 장점은 생존에 버금가는 본능인 번식에 유리하다는 것이다. 동물의 세계에서 모든 암컷은 알파 수컷의 짝이 될 수 있다. 알파 수컷은 서열 1위의 수컷을 말하는데, 알파 수컷이 암컷을 차지하는 데 그 누구도 방해를 놓을 수 없다. 반면에 서열이 낮은 수컷은 알파의 눈을 피해 몰래 짝짓기를 해야 하고 그것마저 여의치 않을 때도 있다. 짝짓기가 자유롭다는 것은 후손을 퍼트릴 기회가 그만큼 많다는 의미다.

인간도 먼 옛날에는 사자의 무리와 다르지 않았을 것이다. 하지만 두뇌가 발달하고 물리적인 힘 대신 이성이 발달하면서 서열은 유형적인 것에서 무형적인 것으로 변화했다. 물리적 서열이 여전히 남아 있지만 그 빈자리를 심리적 서열이 대체했다. 심리적 서열이란 마음속으로 느끼는 우월감 혹은 열등감을 나타낸다. '그래도 내가 저 사람보다는 낫지' 혹은 '저 사람은 왜 저렇게 잘 나가는 거야?'라는 생각은 모두 우월감이나 열등감, 즉 심리적 서열 때문에 만들어진다.

누군가와 자신을 비교하는 것은 심리적 서열을 자극하고 자존감에도 영향을 미친다. 자신의 심리적 서열이 낮다고 여기면 열등감을, 심리적 서열이 높다고 생각하면 오만과 교만을 가져올 수 있다. 인력 지원과 중국 고전 관리 사상의 전문가로 알려진 자오위핑趙玉平은 "비교의 비比는 날카로운 비수匕가 두 개 있는 것을 나타낸다."고 했다. 하나의 칼끝은 상대방을 향하지만, 다른 하나의 칼끝은 나를 향한다. 그래서 비교는 상대방을 상처 낼 뿐 아니라 자신도 상처 낸다는 것이다.

독설이나 험담도 마찬가지다. 독설이나 험담은 날카로운 비수와 같아서 상대방의 마음을 갈갈이 찢어 놓는다. 그런데 독설이나 험담을 하려면 날카로운 비수를 마음에 가득 담고 있어야 한다. 언제든 마음에 들지 않는 사람이 나타나거나 일이 생기면 바로 비수를 날려야 하기 때문이다. 하지만 날카로운 비수를 마음속에 담고 있다 보면 다른 사람을 해치기 전에 내가 먼저 가슴에 상처를 입기 쉽다.

샤덴프로이데가 인간의 피할 수 없는 본능이라 하더라도 본능에 끌려 사는 것보다는 좀 더 너그럽고 관대하게 사는 것이 좋다. 힘들긴 하지만 자신의 심리적 서열을 높이기 위해서라도 누군가와 비교하는 습관은 버려야 한다. 세상에 비교만큼 좋지 않은 습관도 없다. 비교하는 마음을 내려놓을 때 자존감도 높아진다.

행복하고 싶거든 옥시토신 하라

옥시토신 수치와 신뢰도의 상관관계

다른 사람과 원만한 인간관계를 맺으려면 신뢰가 중요하다. 신뢰할 만한 사람에게는 마음을 열고 가까이 다가설 수 있지만 신뢰하기 어려운 사람에게는 마음을 꽁꽁 닫고 좀처럼 속을 보여주지 않기 때문이다. 아무리 내가 누군가와 가까워지고 싶어도 상대방이 나를 신뢰하지 못하면 가까워질 수 없다. 아리스토텔레스는 누군가를 설득할 때 가장 큰 영향을 미치는 것은 말하는 사람의 공신력이라고 했다.

뇌과학에서 신뢰와 관계라는 주제를 살펴보면 반드시 이해해야 할 용어가 있는데 바로 옥시토신이다. 체내에 옥시토신 농도가 높을수록 상대방을 깊이 신뢰하며 상대에게 베풀고자 하는 마음이 강해진다. 옥시토신은 몸에서 자연적으로 분비되는 신경전달물질로 '사회 형성 호르몬', '관계 호르몬', '애정의 호르몬' 등으로 불린다. 옥시토신이 많은 사람들일수록 안정감과 유대감, 상대방에 대한 믿음 등이 높다. 《도덕적 분자》라는 책을 쓴 폴 잭Paul J. Zak에 따르면 옥시토신은 세로토닌, 도파민 등과 함께 홈HOME, Human Oxytocin Mediate Empathy 회로, 즉 타인과의 공감을 매개해 주는 회로를 만드는 신경전달물질이라고 한다.

취리히 대학의 마이클 코스펠트Michael Kosfeld와 마르쿠스 하인리히 Markus Heinrichs 교수, 미국의 신경과학자인 클레어몬트대 대학원 교수인 폴 잭Paul J. Zak 등은 신뢰 게임trust game을 통해 옥시토신의 효과를 검증했다. 실험의 목적은 옥시토신 분비의 증가가 상대방에 대한 신뢰를 증가시키고 상대방의 말을 쉽게 믿도록 만드는지 검증하는 것이었다.

실험은 두 사람씩 짝을 지어 진행했는데 둘은 사전에 아무런 안면도 없었다. 편의상 두 사람을 A와 B라고 하자. 둘은 서로 얼굴을 볼 수 없게 떨어져 앉고, 각각 10달러씩 지급받는다. 실험의 규칙은 이러했다. 먼저 A가 현금 중 일부 혹은 전부를 신뢰의 표시로 B에게 준다. 그러면 B는 그 금액의 3배를 상금으로 받는다. B는 다시 그 금액을 자신에게 돈을 준 A에게 나눠 준다. 얼마의 돈을 A에게 나눠 줄지는 전적으로 B의 결정에 달려 있다. 3배의 금액을 혼자 다 가질 수도 있고 일부만 나눠 줄 수도 있다. 중요한 것은, 만일 A가 B를 신뢰하고 B가 획득한 돈을 일부라도 자신에게 돌려줄 것이라고 기대한다면 큰돈을 투자할 것이다. 하지만 B를 신뢰하지 못한다면 아주 적은 금액을 투자하거나 아예 투자하지 않을 것이다.

실험이 끝난 후에 연구진은 A와 B, 두 사람의 혈액 속에 포함된 호르몬 수치를 검사했다. 그랬더니 상대방으로부터 신뢰를 많이 받아 큰돈을 투자 받고, 다시 상대방에게 큰돈을 돌려주려고 한 피험자일수록 옥시토신 분비 수준이 높았다. 또한 주사기로 옥시토신을 주입하자 신뢰도가 크게 증가했고 낯선 사람을 경계하도록 만드는 편도체 활동이 크게 줄었다.

다른 실험도 있다. 마이클 코스펠트 교수는 참가자들을 두 집단으로 나눈 후 한 집단에는 코에 옥시토신을 분사하고 다른 한 집단에는 가짜 약을 분사했다. 그리고 임의로 투자자와 수탁자 역할을 하도록 했다. 투자자 역할을 하는 사람은 수탁자에게 돈을 얼마나 맡길지 결정하고, 수탁자 역할을 하는 사람은 받은 돈 중 얼마를 돌려줄지 결정하도록 했다. 이 실험에서 옥시토신을 흡입한 사람들은 가짜 약을 흡입한 사람들에 비해 더 많은 돈을 맡겼다. 옥시토신 효과로 상대방에 대한 신뢰도가 증가한 탓이다. 이처럼 옥시토신은 사람에 대한 신뢰도를 증가시키는 효과가 있다.

옥시토신은 협력과 배타적 행위의 두 얼굴을 가진다

옥시토신은 여자와 남자 모두 체내에서 자연스럽게 분비되지만 주로 남자보다는 여자에게 많다. 특히 여자는 출산할 때 옥시토신 분비가 급격히 늘어나는데 자궁의 민무늬근을 수축시켜 진통을 유발하고 분만을 촉진한다. 흔히 출산할 때 맞는 분만 촉진제의 주성분이 옥시토신이다. 출산 후에는 유두가 자극을 받을 때 혹은 모유 수유를 할 때 분비되기도 한다. 출산 시에 대량으로 방출되는 옥시토신으로 인해 엄마들은 아이에게 무한한 애정을 쏟는다. 갓난아기는 시간 개념 없이 두 시간만에 한 번씩 깨어 불편을 호소하는데, 이때 엄마는 피곤에 지쳐 제정신이 아닐 텐데도 정성껏 아이를 돌본다. 옥시토신이 분비되면 배 쪽에 위치한 선조체 부위에서 도파민 분비가 촉진되고 이것이 육아 본능을 일깨워 더욱 적극적으로 아이를 돌보도록 만든다.

옥시토신은 뇌의 깊숙한 곳에 자리 잡은 시상하부에서 합성되며, 과립 형태로 뇌하수체 후엽에 저장되고 분비된다. 이 호르몬은 신뢰와 사회성을 조절하므로 분비가 늘면 낯선 사람일지라도 잘 믿고, 말을 잘 걸며 애착 관계를 형성하는 데도 도움이 된다. 또한 옥시토신은 열악하거나 위험한 상황에서도 서슴지 않고 타인을 돕는 행동을 하도록 만든다. 엄마들이 불 속으로 뛰어들어 아이를 구하거나 누군가 철로에 떨어진 사람을 두려움을 무릅쓰고 구하는 행위도 모두 옥시토신 때문이다. 옥시토신 분비가 활발한 사람들은 다른 사람들과 잘 협조하므로 팀 업무를 공동으로 수행하는 데 적합하다.

재미있게도 주인과 함께 지내는 반려견도 옥시토신 분비가 늘어난다고 한다. 한 연구에서 사람이 개와 고양이를 놓고 각각 10분 동안 함께 놀아 주었는데, 개는 옥시토신 수치가 57% 급증한 반면, 고양이는 12% 느는 데 그쳤다. 이보다 더 재미있는 것은 개와 놀아 준 사람의 몸에서도 옥시토신 분비가 늘었다는 사실이다. 일본의 한 연구진이 주인이 개와 마주 보거나 개를 쓰다듬고 말을 걸도록 하자, 사람 몸에서 옥시토신이 평소보다 4배 증가했으며 개도 40% 가까이 옥시토신 분비가 늘어났다고 한다. 반려견을 키우면 아이들 정서에 좋은 이유가 바로 이 때문이다.

이렇게 보면 옥시토신은 원활한 인간관계를 위해 반드시 필요한 신경물질처럼 보인다. 하지만 옥시토신은 단점도 있다. 내집단 편애in-group favoritism를 일으키는데, 자신이 속한 집단에 대해서는 늘 관대하고 친절하지만 그 밖의 사람들에 대해서는 적개심을 나타내는 것이다. 운동 경기에서 같은 편끼리는 죽이 척척 맞으면서도 상대방에게는 죽일 듯 악을 쓰는 것도 이 때문이다.

내집단 편애, 외부인에 대한 배타적인 행위는 바람직해 보이지 않지만 진화심리학의 관점에서 보면 수긍이 가는 측면도 있다. 그 옛날 예방의학이나 질병에 대한 처치가 발달되지 않은 상태에서 외부의 알 수 없는 사람이 내집단에 들어오면 그 사람이 가진 고유의 풍토병으로 인해 집단 전체가 사망할 수도 있었다. 아프리카 사람들이 말라리아에는 강하지만 한국인들은 말라리아에 걸리면 사망할 수도 있는 것

과 같다. 신분이 확실하지 않은 사람은 내집단에는 위협적인 존재일
수 있으므로 집단 밖의 사람들에게 배타적인 모습을 보일 수밖에 없
었다는 것이다. 그러다 보니 옥시토신이 가까운 사람들에게 더욱 협력
적인 성향을 이끌어 낸 것으로 보인다.

사람 사이에 관계를 형성해 가는 과정은 감정 은행에 '이디어싱크
러시 크레디트idiosyncrasy credits' 즉 개인 신용 점수를 쌓아가는 것과 같
다. 꾸준한 노력과 시간이 필요하고 이 과정에서 옥시토신의 분비가
충분히 이루어지는 단계에 이르러야 한다. 저축으로 하루아침에 큰 부
자가 될 수 없듯이 사람 사이의 관계도 급하게 서두르기보다는 천천
히 신용을 쌓아 가는 것이 바람직하지 않을까 생각해 본다.

언어의 온도가 올라갈수록 행복해진다

차가운 음료보다는 따뜻한 음료가 호감을 높인다

누군가와 좋은 관계를 유지하고 싶다면 유머를 활용해 상대방을 웃게 만드는 것도 좋지만, 감각적 측면을 통해 우호적인 사람이라는 인상을 심어 주는 것도 좋은 전략이다. 말투, 행동, 몸짓, 사용하는 언어, 사용하는 물건 등 모든 것들이 상대방의 감각을 자극해 나에 대한 인상을 바꾸어 놓을 수 있다.

그르노블 알프스Grenoble Alpes 대학의 부교수인 한스 에이제르만Hans IJzerman은 사물의 온도가 심리적 거리감이나 사회적 친밀감에 미치는 영향을 조사했다. 연구는 두 가지 방법으로 이루어졌다. 첫 번째 실험에서는 참가자들에게 뜨겁거나 차가운 음료를 무작위로 한 잔씩 건넸다. 그런 후에 설문지를 나누어 주고, 자신이 아는 사람 중 한 사람을 선택해서 두 사람의 친밀도를 측정할 수 있는 평가 척도에 답하게 했다. 그 결과 차가운 음료를 받은 참가자들보다 뜨거운 음료를 받은 참가자들이 자기가 선택한 사람과의 친밀도를 훨씬 높게 평가했다.

이런 유의 실험은 꽤 많다. 음료를 들고 엘리베이터에 탄 사람이 잠깐 옆 사람에게 음료를 맡기고 신발 끈을 묶는다. 그 사람이 떠난 뒤 음료를 잠시 맡아 준 사람에게 그에 대한 인상을 평가해달라고 부탁하면 '따뜻한' 음료를 들고 있었던 사람은 '차가운' 음료를 들고 있던 사람에 비해 훨씬 호의적으로 평가한다. 몸을 통해 느끼는 온기가 사회적인 온기에 영향을 미친다는 가설을 증명해 준다.

이는 몸이 느끼는 감촉과 이로 인한 자각이 사고에 영향을 미친다는 체화된 인지Embodied Cognition를 말한다. 인간의 사고에는 단순히 뇌만 관여하는 것이 아니라 온몸에 분포한 신경계 전체가 관여하기 때문에 신체에서 느끼는 모든 감각이 인식에 영향을 미친다. '고무손 실험'은 이미 잘 알려져 있다. 실험 참가자에게 두 팔을 책상 위에 올리도록 한 후 두 팔 사이에 칸막이를 해서 다른 한 손은 보이지 않게 한다. 보이지 않는 한쪽 팔 대신 실제처럼 만든 고무손을 놓아 마치 자신의 손처럼 보이게 만드는 것이다. 실제 손은 칸막이 바로 뒤에 놓여 있다.

이제 연구진은 참가자에게 손의 감촉을 느껴 보라고 얘기하며 붓으로 가짜 손인 고무손과 칸막이 뒤 진짜 손을 동시에 부드럽게 쓸어

내린다. 연구진이 피험자에게 손의 감각에 집중하도록 요청하면 피험자는 고무손이 자기 손인 것 같은 착각을 느낀다. 이렇게 한동안 부드럽게 손을 쓸어내리다가 갑자기 망치를 들어 고무손을 내리치면 피험자는 자기 손이 망치로 가격당하는 것처럼 고통스러운 비명을 지르게 된다. 고무손을 쓸어내리는 동안 보이지 않는 자신의 손도 붓으로 쓰다듬어 고무손을 자신의 진짜 손처럼 여기게 돼 나타나는 현상이다.

언어의 온도가 관계의 질을 바꾼다

다시 음료 얘기로 돌아가 보자. 따뜻한 음료는 사람들에게 따뜻한 온기를 전달한다. 따뜻한 느낌을 받은 사람들은 기분이 좋아진다. 반면에 차가운 음료는 사람들에게 싸늘한 느낌을 전달한다. 만일 예상하지 못한 상황에서 차가운 음료를 받아들었다면 더욱 그러할 것이다. 이렇게 음료의 따뜻한 느낌 혹은 차가운 느낌은 이를 건네 준 사람에 대한 인상에까지 영향을 미친다. 그래서 따뜻한 음료를 건넨 사람은 호의적으로 평가하고 차가운 음료를 건넨 사람은 다소 비호의적으로 느끼는 것이다. 쌀쌀한 날씨에 따뜻한 손을 잡으면 기분이 좋아지지만 차가운 손을 잡으면 싸늘한 느낌이 드는 것과 마찬가지 이치다. 그래서 손이 따뜻한 사람들은 다른 사람들에게 호감을 줄 수 있다.

한스 에이제르만 교수는 다른 실험에서 참가자들이 각각 따뜻한 방과 추운 방에서 영화를 보도록 했다. 영화가 끝난 후 연구진은 참가자들에게 영화 내용을 묘사해 달라고 요청했다. 그러자 따뜻한 방에서 영화를 본 사람들은 구체적으로 영화를 묘사한 반면, 추운 방에서 영화를 본 사람들은 추상적으로 영화를 묘사했다.

이 실험 결과는 구체적인 언어가 사회적 친밀감과 관련이 있는 반면, 추상적인 언어는 사회적 거리감을 높인다는 것을 보여준다. 실제로 뇌는 일반 명사 즉 지갑, 컵, 시계, 볼펜 등의 단어를 들으면 이미지가 연상돼 쉽게 이해하고 설득력도 높아진다. 반면에 고독, 명예, 성취감, 도전과 같이 추상적인 단어를 들으면 이미지가 연상되지 않아 이해에 어려움을 겪고 설득력이 떨어진다. 특히나 사용하는 추상 명사가 '와해', '향유' 등과 같이 개념적이고 어려울수록 상대방이 느끼는 이해력은 떨어진다. 이해력과 설득력이 떨어진다는 것은 그 사람에 대한 거리감이 줄어들지 않는다는 말이기도 하다. 대화할 때나 글을 쓸 때 가급적 쉬운 단어를 사용해야 하는 이유이다.

꽤 오래 전에 《언어의 온도》라는 책이 베스트셀러였다. 정말 언어에도 온도가 있을까? 앞의 실험 결과를 보면 분명 청각적인 감각을 통해 전해지는 느낌이라는 것이 있다. 부드럽고 온화한 말투는 '따뜻한' 느낌이 들게 만들고, 거칠고 냉정한 말투는 '차가운' 느낌이 들게 만든다. 그러니 사람과의 관계에 있어 말 한마디 행동 하나를 할 때도 신중하게, 따뜻함을 느끼도록 하는 게 바람직하다. 그러한 것들이 모두 자신에 대한 신뢰에 영향을 미치는 요소이니 말이다.

행복을 좌우하는 것은?

사회적 관계가 인지 능력에 영향을 미친다

사회적인 관계는 뇌 건강에 큰 영향을 미친다. 나이 들어 은퇴한 사람들은 경제적인 문제를 비롯한 다양한 문제를 겪는다. 그런데 그 중에서도 가장 심각한 문제는 주위 사람들과 교류할 수 있는 기회가 크게 줄어드는 것이다. 직장 생활하며 사람들과 활발하게 교류하고 인간 관계를 맺어 왔더라도 은퇴하고 나면 사람들과 어울리는 시간이 줄어든다. 따라서 사회적 관계의 폭과 질이 떨어지며 이는 정신적, 육체적으로 큰 영향을 미친다.

인간은 생존을 위해 다른 사람들과 힘을 모아 잠재적인 적과 대응하는 사회적 기술을 발달시켜 왔다. 개인적인 공격력 대신 다른 사람들과의 교류와 협동을 통해 생존 능력을 극대화하는 사회화를 진화의 수단으로 선택한 것이다. 인간의 뇌도 그에 적합하도록 발달됐는데, 코끼리나 고래 등에 비해 상대적으로 작지만 신체 크기에 비해 용량은 압도적으로 크다. 이를 '대뇌화'라고 하는데 신체 유지에 필요한 것보다 잉여 용량이 많음을 나타낸다. 그 이유에 대한 설명 중 하나가 '사회적 뇌' 가설로, 타인과의 사회적 관계를 원만히 유지하기 위해서 인간의 뇌가 커졌다는 것이다. 그만큼 인간은 다른 사람을 떠나서는 살 수 없음을 보여준다.

그렇다면 사회적 관계가 뇌 건강에 구체적으로 어떤 영향을 미치는 것일까? 하버드 공중보건대학원의 캐런 어텔Karen Ertel 등이 50세 이상의 미국인을 대상으로 실시한 건강과 은퇴 조사에 따르면 사회적 상호 작용이 적을수록 기억력이 나빠진다고 한다. 연구진은 은퇴 연령의 사람들에게 전화한 뒤 보통 명사 열 개를 들려주고 그것과 아무 상관 없는 일련의 질문을 던졌다. 그리고 5분이 지난 후 앞서 들려준 열 개의 단어 중 기억나는 것을 최대한 많이 말하게 했다. 이를 지연 기억 검사라고 한다. 연구자들은 참여자들의 응답을 가지고 복합 기억 점수를 계산했으며 6년에 걸쳐 이를 네 차례 반복했다. 그리고 검사할 때마다 참여자의 사회적 상호 작용의 질을 평가하기 위해 다음과 같은 질문을 했다.

결혼은 했나요?

평소 자원 봉사를 하고 있나요?

이웃과 대화를 자주 하나요?

자녀들과는 자주 연락하나요?

부모님과 대화를 나누나요?

장기간에 걸쳐 진행된 이 실험에서 사회적 관계 점수가 상위 25%에 드는 사람들은 점수가 낮은 사람들보다 인지 검사에서 더 좋은 성적을 받았다. 연구를 시작할 때는 두 집단의 인지 능력 점수가 비슷했지만, 연구가 끝날 무렵에는 사회적 접촉의 차이에 따라 인지 능력도 큰 차이를 보였다. 다른 사람들과 교류 없이 혼자 살면서 고독한 삶을 보낸 사람들이 그렇지 않은 사람들에 비해 치매와 관련 있는 기억 감소 징후가 더 많이 나타난 것이다. 이 실험은 비록 나이를 먹고 은퇴하더라도 인지 능력을 계속 유지하고 싶다면 소셜 네트워크를 계속 발전시키고 사회적 활동을 활발하게 추구해야 한다는 것을 알려 준다.

소속감은 뇌 건강에 큰 영향을 미친다

신경과학자들에 따르면 집단에서 소외되면 두뇌의 사회적 네트워크를 담당하는 부위가 활성화되는데 이 부위는 굶주림이나 타인으로부터 위협을 당할 때도 동일하게 반응한다고 한다. 사회적으로 소속되고 싶은 욕구가 인간의 기본적인 생존 욕구와 대등한 수준이라는 것이다. UCLA 대학의 나오미 아이젠베르거Naomi Eisenberger 교수는 다른 사람들로부터 소외되는 것은 무시하기 힘든 고통과 분노를 안겨 준다고 말한다. 그 사례 중 하나가 앞서 말한 사이버 볼 실험이다.

사이버 볼 실험이 끝난 후 참가자들에게 느낌을 묻자, 대부분은 심한 소외감을 느꼈다고 밝혔다. 몇몇은 눈물을 글썽이며 자신이 무엇을 잘못했는지 묻기도 했다. 자신이 공을 너무 세게 던진 탓에 나머지 사람들이 자신을 배제한 것이 아닌가 하고 자책한 것이다. 그 중 일부는 지나치게 소외감을 느끼고 화를 냈으며 게임 상대자가 사람이 아닌 컴퓨터라는 설명을 듣고서도 분을 풀지 못했다.

인간은 다른 사람들과 어울려 집단으로 생활할 때 가장 활발하게 활동하며 최적의 건강 상태를 유지할 수 있다. 미국 브리검영대 줄리안 홀트-룬스타드Julianne Holt-Lunstad 교수에 따르면 사회 생활이 빈약하거나 좋은 인간관계를 유지하지 못하는 이들은 그렇지 않은 사람들보다 일찍 죽을 확률이 50%나 높다고 한다. 대인 관계가 건강에 미치는 영향에 관한 기존 연구들을 분석해 보니 대인 관계가 적은 것은 알코올 중독자가 되는 것과 맞먹는 나쁜 영향이 있으며 운동을 하지 않는 것보다 더 나쁘고, 비만보다 두 배나 해롭다고 한다. 게다가 하루에 담배를 15개비 피는 것과 같을 정도로 건강에 안 좋다고도 한다.

나아가 사회적인 고립은 뇌에 좋지 못한 화학 물질의 축적을 불러

일으키며 이는 공격성을 높이는 등 부작용을 낳는다. 긍정적인 사회적 관계는 정신적 행복과 함께 신체적 건강도 유지시킨다. 시카고 대학 사회심리학과의 존 카시오포John T. Cacioppo 교수에 따르면 외로운 사람과 건강한 사회적 관계를 맺는 사람 사이에는 혈압이 30만큼이나 차이가 난다고 한다. 또한 사회적 관계가 좋지 못한 사람들은 뇌졸중과 심장병으로 사망할 위험도 현저히 증가할 수 있다고 한다.

세상이 변하면서 자의적 혹은 타의적 이유로 사회적 관계에 소홀해지고 있다. 같이 밥 먹을 사람이 없어 점심을 편의점에서 때우거나 굶는 사람도 많다. 하지만 이러한 고립은 육체적 건강과 함께 삶 자체를 피폐하게 만든다. 덴마크 철학자인 키르케고르가 "행복의 90%는 인간관계에서 온다."고 언급한 것처럼 다른 사람들과의 관계는 삶의 질에 큰 영향을 미친다. 삶을 즐겁고 행복한 시간으로 채우려면 고립과 단절보다는 적극적인 대인 관계를 지향하는 것이 바람직하다. 취미 활동을 즐기고 다른 사람과 어울리며 재능을 이용해 봉사하는 등 활발한 활동을 통해 소속감을 느끼는 것이 건강한 삶을 유지하는 비결 중 하나다.

능력 있는 남자, 재수 없는 여자?

감정이 만들어 내는 성에 대한 편견

인간의 의사 결정에는 항상 감정이 개입될 수밖에 없는데, 그만큼 인간이 합리적이지 못하다는 얘기일 수도 있다. 감정 이외에 편견이나 선입견 같은 것들도 인간의 합리성을 저해하는 요인들 중 하나다. 한 실험에서 가상으로 항공기 제조업체의 부사장을 만들었다. 피험자들을 네 그룹으로 나누고, 각 그룹마다 남자와 여자를 같은 수로 배치했다. 그리고 각 그룹에게 가상의 부사장의 업무를 짤막하게 설명하고, 능력과 호감도를 평가하게 했다. 첫 번째 그룹에게는 부사장이 남자라고 말했다. 그러자 그들은 부사장을 칭찬하면서 '매우 유능하고 호감 가는' 인물이라고 평했다. 두 번째 그룹에게는 부사장이 여자라고 말했다. 그러자 두 번째 그룹 사람들은 부사장이 '호감은 가나 그리 유능하지 않다.'고 평가했다. 성별만 다를 뿐 모든 조건이 같았음에도 평가는 이렇게 엇갈렸다.

세 번째 그룹에게는 부사장이 그 회사가 급성장하는 데 가장 중요한 역할을 한 남성이라고 말했다. 그리고 네 번째 그룹에게는 부사장이 여성으로 회사의 슈퍼스타이며 임원으로 고속 승진했다고 말했다. 첫 번째 그룹과 마찬가지로 세 번째 그룹도 남자 부사장을 '매우 유능하며 호감 가는' 인물이라고 평가했다. 네 번째 그룹도 여자 부사장을 '매우 유능하다'고 평가했다. 그러나 '호감 가는' 인물이라는 평가는 없었다. 사실 네 번째 그룹이 부사장을 묘사한 표현 가운데에는 이유를 알 수 없지만 '적개심이 있는'이라는 단어도 들어 있었다. 한마디로 부사장이 남자일 경우 '잘난 남자'이지만, 여자일 경우에는 '재수 없는 여자'로 받아들인 것이다.

이 실험 결과만 놓고 분개할 여성들이 있을지도 모르겠다. 세상이 변하고 사람들의 사고도 달라졌지만 여전히 사회 곳곳에 편견은 남아 있으며, 남녀 사이의 성적 편견이 그 중 하나다. 특히나 최근에는 남자와 여자 간에 마치 대결이라도 하듯 '남혐', '여혐'이라는 말까지 등장해 충격을 안겨 준다. 엄마라는 '여자'의 몸을 빌려 태어난 남자들이, 아빠라는 '남자'의 힘을 빌려 태어난 여자들이 왜 그렇게 상대방을 비난하고 못 잡아먹어서 안달인지 도무지 이해가 안 된다.

왜 이런 일이 벌어졌을까? 사회학자도 심리학자도 아니니 정확한 원인을 분석하기는 어렵지만 여성이 사회적인 지위를 넓혀 가는 과정에서 발생하는 일종의 부작용 아닐까 싶다. 아시아 국가들에서 남성은 상대적으로 여성보다 우위의 지위에 있었다. 물론 서구에서도 여성의 지위가 남성과 동등한 위치로 올라선 것은 불과 몇십 년 안 된다. "여자 아이들이 남자 아이들보다 먼저 말을 배우고 먼저 걷는다. 원래 잡초가 훌륭한 농작물보다 늘 더 빨리 자라지 않는가?"라는 말을 한 사람이 누구일까? 그 유명한 마르틴 루터다. 그러니 서양에서도 여자의 존재를 그렇게 높이 여기지 않은 듯 하다. 아무튼 서양보다는 동양 사회에서 남성의 지위가 여성의 지위보다 높았다.

그러나 세상이 바뀌고 서구 문명이 유입되면서 여성의 권리를 주장하는 목소리들이 높아지고 정치적으로나 제도적으로 여성의 몫이 늘어나면서 사회 곳곳에서 이를 시기하고 반대하는 목소리도 덩달아 높아질 수밖에 없었다. 그 과정에 남녀 간 충돌이 생길 것은 불 보듯 뻔한 일이다. 기득권을 빼앗기고 싶지 않은 남자와 여전히 차별받고 있다고 느끼는 여자들 간에 팽팽한 기 싸움이 서로 편을 가르고 '된장녀'나 '한남' 같은 비방과 '남혐'이나 '여혐' 같은 상호비하로 이어진 것으로 보인다. 어쩌면 가정에서 엄마나 아빠로부터 학대받았거나 차별당했던 개인적 경험이 반영된 것일 수도 있다. 하지만 남성도 여성도 한쪽만 있어서는 살 수 없다. 따라서 남성들도 여성들도 한 발 물러나 서로를 이해하고 보듬으려는 노력이 필요할 것이다.

다름을 인정하고 받아들이는 노력이 필요하다

이렇게 꼰대 같은 말을 하려고 이 글을 쓰기 시작한 것은 아니지만 앞으로는 이성에 대한 편견이 사라지길 바란다. 이왕 말이 나온 김에 몇 가지 흥미로운 얘기를 해 보자. 우선 정신 지체는 여성보다 남성에게 더 흔하다. 왜냐하면 이런 병리 증상 중 다수는 X 염색체 내부의 24개 유전자들 중 하나에 돌연변이가 생기면서 나타나기 때문이다. 남성은 XY로 X 염색체가 하나뿐이다. 하지만 여성은 XX로 X 염색체가 둘이다. 하나를 가진 염색체가 이상이 생긴 것과 둘인 염색체 중 하나가 이상이 생긴 것은 대처가 다를 수밖에 없다. 정신 분열증 환자 중에는 남자가 여자보다 많다.

두 번째 흥미로운 얘기는 왜 누구는 엄마를 닮고 누구는 아빠를 닮는가 하는 것이다. 여성의 염색체는 XX이다. X가 둘이므로 둘 중 하나는 활성화되고 하나는 비활성화된다. 활성화되는 것이 아빠 것이고 엄마로부터 받은 것이 비활성화되면 그 딸아이는 아빠를 닮는다. 반대로 엄마로부터 물려받은 유전자가 활성화되고 아빠로부터 받은 유전자가 비활성화되면 그 딸아이는 엄마를 닮는다. 남자의 경우 염색체는 XY로 X가 하나뿐이다. 그러므로 X 염색체가 비활성화되는 경우는 절대 없다. 그렇다면 이상이 생길 것이다. 그런데 그 X를 엄마에게 받느냐, 아빠에게 받느냐에 따라 한쪽 성격을 닮는 것이다.

세 번째 이야기로 마무리를 할까 한다. 남녀의 뇌는 다를까? 답은 질문에 따라 '그렇다'일 수도 있고 '아니다'일 수도 있다. 물리적 구조에 대한 질문이라면 답은 '아니다'이다. 남자와 여자의 두뇌 구조는 동일하다. 물론 영역에 따라 크기가 다른 부위가 있긴 하다. 호르몬이나 두뇌 활용 방식에 대한 질문이라면 답은 '그렇다'이다.

미 캘리포니아 대학의 신경의학자 래리 카힐Larry Cahill은 피험자들에게 연쇄 살인마가 등장하는 공포 영화를 보여준 뒤 두뇌의 반응을 관찰했다. 그 결과 극심한 스트레스 상황에서 남자들은 뇌의 우반구에 있는 편도체가 흥분한 반면, 여자들은 좌반구에 있는 편도체가 흥분했다. 남녀 각각 반대편에 있는 편도체는 비교적 조용했다. 일반적으로 우뇌는 경험의 요점, 즉 큰 그림을 보고 좌뇌는 세부 사항을 기억하도록 돕는다고 한다. 카힐은 공포 영화를 보여주기에 앞서 프로프라놀롤propranolol이라는 발음하기 어려운 약을 주었다. 이 약은 혈압 조절용으로 쓰이기도 하지만 정서적 경험을 하는 동안 편도체를 활성화시키는 생화학물질을 억제하기도 한다. 즉 망각의 묘약인 셈이다. 일주일이 지난 뒤 피험자들의 기억력을 테스트하자 서로 답이 조금 달랐다. 남자들은 이야기의 요점을 기억하는 능력을 잃은 반면에 여자들은 세부 사항을 기억하는 능력을 잃었다.

일반적으로 여성들은 정서적 사건을 더 많이, 더 빠르고 강렬하게 기억한다. 최근에 애인과 싸운 일이나 첫 데이트, 첫 키스, 처음으로 사랑을 고백한 장소 등 정서적으로 중요한 사건들을 생생하게 기억한다. 그에 비해 남자들은 큰 줄거리를 기억하고 세부적인 것들을 잘 기억하지 못한다. 이러한 이야기를 하는 이유는 남자와 여자가 조금씩 다르다는 것을 알리기 위해서다. 따라서 지금부터라도 남녀가 서로 조금씩 다름을 알고 받아들일 것은 받아들이고 인정할 것은 인정하는 것이 어떨까 싶다.

PART 3

뇌를 알면
사고의 힘을 키울 수 있다

감정이 의사 결정을 지배한다

인간은 이성의 동물일까, 감정의 동물일까?

인간이 이성적인 동물인가, 감정적인 동물인가 하는 질문에 대해 많은 사람이 단호하게 이성적인 동물이라고 대답할 것이다. 왜? 학교에서 그렇게 배웠기 때문이다. 하지만 잘 생각해 보면 인간은 이성적인 동물이라기보다 이성적이려고 노력하는 동물에 불과하다. 실제로 사람이 살아가면서 내리는 수많은 의사 결정 뒤에는 이성보다는 감정이 더 많이 작용하는지도 모른다. 예를 들어, 점심시간에 먹는 음식은 이성적으로 선택하는 것이 아니다. '내가 어제는 300칼로리를 섭취했으니 오늘은 조금 줄여서 200칼로리를 섭취해야 해. 그렇다면 오늘은 김밥이나 먹어야겠군.'이라는 식으로 논리적으로 분석해서 점심 메뉴를 정하는 사람은 하나도 없다. 그저 '어제 술을 많이 마셨더니 얼큰한 국물이 당기네. 그럼 오늘은 순대국을 먹어야겠군.'이라는 식으로 생각하고 메뉴를 정한다. 이건 논리보다는 감정이다.

옷을 고를 때도 마찬가지다. '내가 다소 뚱뚱하니까 파스텔 색상보다는 좀 어두운 색이 낫고 가로줄 무늬보다는 세로줄 무늬가 좀 더 날씬해 보일 거야. 그러니까 저 검정색 세로줄 무늬 티를 사자.'라고 생각하고 옷을 골라 본 적이 있는가? 어쩌다 한 번은 그럴 수도 있지만, 일반적으로 옷을 고를 때는 그저 예쁜 옷, 입어서 마음에 드는 옷을 고른다. '맘에 드는 것'은 감정이지 이성이 아니다. 나중에 집에 돌아와서 보면 새로 산 옷은 기존에 있는 옷과 유사하다. 감정은 과거의 경험을 바탕으로 만들어지므로 과거에 사 먹거나 입어서 만족스러웠다면 그것이 신체에 표지를 남겨 다음 의사 결정에 자연스럽게 영향을 미친다.

점심 메뉴나 옷 같은 사소한 결정이나 감정에 따를 뿐 중요한 의사 결정은 이성적으로 한다며 반론을 제기할 사람도 있을 것이다. 하지만 정말 그럴까? 인생을 결정짓는 가장 중요한 의사 결정은 배우자를 선택하는 것이다. 어떤 사람을 배우자로 선택하느냐에 따라 한 사람의 인생이 달라질 수 있다. 그런데 배우자를 선택할 때 가장 중요한 기준이 무엇인가? 돈? 명예? 미래에 대한 전망? 학력이나 학벌? 전혀 아니다. 사랑이다. 물론 아닌 사람도 있을 테지만 '저 사람과 결혼하면 미래가 보장되고 2세를 안전하게 키울 수 있을 거야'라고 따져서 결혼하는 사람은 별로 없다. 그저 사랑이라는 감정의 콩깍지가 씌었기에 결혼하게 된다. 그리고 그건 이성이 아니라 감정이다.

만일 사람이 100% 이성에 의지해 사고하거나 판단을 내린다면 상사가 기분이 안 좋을 때는 결재를 피하고 기분 좋은 날은 무조건 결재를 들이미는 일도 없어야 한다. 기분이 좋든 나쁘든 상관없이 의사 결정의 결과는 동일해야 하니 말이다. 하지만 실제로 그러한가? 상사가 기분 좋을 때 결재를 받는 것이 화났을 때 결재를 받는 것보다 훨씬 수월하다. 심지어 협상이나 회사를 사고파는 M&A 같은 중대한 일조차 감정의 영향을 받는다는 것을 많은 학자의 연구 결과가 보여준다. 감정이 안 좋은 상태에서 협상에 임해 손해를 본 사례도 많다. 실제로 감정이 격앙된 상태에서 의사 결정을 내렸다가 잘못된 경우가 한두 번쯤은 있었을 테다.

감정은 인간의 의사 결정에 관여한다

이렇듯 인간의 의사 결정 과정에는 감정이 깊숙이 개입한다. 그래서 감정 표현이 서툰 사람은 의사 결정에 오류가 많다. 이탈리아 출신의 세계적인 신경과학자인 안토니오 다마시오Antonio Damasio는 논리적인 결정에서조차 의외로 이성보다는 감정이 암암리에 중요한 역할을 하며 이런 감정은 과거 경험에 뿌리를 두고 있다는 사실을 보여줬다.

다마시오 교수는 이를 증명하기 위해 카드 게임을 고안했다. 피험자는 앞에 놓인 네 벌의 카드 중 한 벌에서 카드를 한 장 골라 다마시오 교수에게 건네주기만 하면 된다. 피험자는 자신이 선택한 카드에 따라 돈을 받거나 벌금을 문다. 하지만 어떤 카드를 고르면 상금을 받고 어떤 카드를 고르면 벌금을 받는지에 대한 기준은 사전에 알 수 없다. 피험자는 논리적인 근거를 찾기 위해 이러저러한 시도를 하며 규칙을 찾으려고 애쓴다.

다마시오 교수는 카드 두 벌에 대해서는 상금과 벌금을 적게 적용하고 나머지 두 벌에 대해서는 상금과 벌금을 많이 적용했다. 하지만 이는 미리 엄밀하게 정한 규정에 따라 이루어지기보다는 그때그때 결정되는 경향이 있었기에 확실하지는 않았다. 실험이 시작되고 조금 지나면 대다수의 피험자들은 자연스럽게 상벌이 별로 크지 않아 안전하다고 느끼는 두 벌의 카드를 선호한다. 다마시오 교수에 따르면 상금을 획득했을 때의 감정적 연상, 그리고 더 중요하게는 돈을 잃었을 때의 부정적 느낌이 잠재의식에 잠복해 있으면서 신체의 미세한 화학 변화를 불러온다고 한다. 이런 변화를 신체적 표지somatic marker라고 하는데, 우리는 큰돈을 벌거나 잃는 등 극단적인 상황이 아니면 대체로 이를 인식하지 못한다고 한다. 사람들은 논리적으로 행동한다고 생각하지만 알고 보면 암암리에 감정의 지배를 받는 것이다.

다마시오 교수는 전전두엽이 손상된 환자들을 대상으로 같은 카드 게임을 해 본 결과, 그들이 게임을 잘 하지 못하고 큰돈을 잃는다는 것을 알았다. 그들은 부족한 직관 대신 논리를 동원해 보지만 결국 더 큰돈을 잃었다. 이는 뇌가 돈을 잃는 것에 관해 더 이상 부정적인 잠재의식의 표지를 기록해 두지 않기 때문이라고 주장한다.

그럼에도 불구하고 인간은 여전히 이성적인 존재임이 분명하다. 매사를 감정에만 의존하지는 않기 때문이다. 모든 사고와 정서, 의사 결정이 감정의 지배를 받음에도 불구하고 인간은 다양한 각도에서 미래를 내다보고 대안을 찾아내며 최적의 안을 선택하려고 노력한다. 감정에 휘둘리고 싶을 때도 자제력을 발휘해 이성적인 판단을 내리려고 노력한다. 인간이 다른 동물과 다른 것, 인간이 인간다운 것은 바로 이 때문이다. 다른 동물들은 본능이라는 감정에 충실하지만 인간은 감정보다는 한 발 앞서 이성을 내세운다. 평소 인간다움을 잃지 않고 감정을 잘 다스리는 훈련을 하면 일상생활 속에서 이성적으로 판단하는 힘을 기를 수 있다.

때로는 직감이 논리보다 중요하다

이성적 사고가 직감보다 뛰어날까?

우리는 살아가면서 수많은 의사 결정을 내린다. 점심으로 무엇을 먹을지 하는 사소한 의사 결정부터 직장을 선택하거나 집이나 자동차 구입 등 까다로운 의사 결정에 이르기까지 인생은 의사 결정의 연속이라 해도 과언이 아니다. 인생은 B_{Birth}와 D_{Death} 사이의 C_{Choice}라는 샤르트르의 말도 결국 인간의 삶이 연속된 의사 결정 속에 있음을 나타내는 말일 것이다.

의사 결정이 필요한 순간마다 사람들은 최대한 올바른 결정을 내리려고 한다. 최적의 대안을 찾고 최대한 합리적인 의사 결정을 내리려한다. 그러기에 모든 이성적 사고, 논리적 사고 방법을 활용하려고 애를 쓰는 반면 타고난 감각적인 측면은 무시하려는 경향이 강하다. 하지만 감각이 이성을 능가하는 경우도 많다.

하버드 대학의 심리학자인 날리니 앰바디Nalini Ambady와 로버트 로젠탈Robert Rosenthal은 피험자들에게 교사 또는 대학 강사가 수업하는 영상을 보여줬다. 단 영상은 음성이 제거된 묵음 상태였다. 영상의 길이는 짧을 경우 2초에서 길면 30초까지 걸렸다. 영상을 본 후 피험자들은 교사나 강사들의 몸짓을 근거로 역량, 우월성, 정직성, 열의, 전문성 등 다양한 범주에 대해 평가했다. 두 학자는 결과에 놀라고 말았는데 실험 참가자들이 단지 몇 초 동안의 짧은 영상을 봤음에도 불구하고 교사나 강사들을 비교적 정확히 판단했기 때문이다. 실제 학기말에 학생들이 평가한 결과와 피험자들이 평가한 결과가 아주 유사했다. 그들은 비록 아주 짧은 시간이었지만 영상을 통해 강의가 재미있는지, 아니면 지루한지 직감적으로 알아맞혔다.

또 다른 연구에서 스위스의 심리학자 야쿠프 사모호비에츠Jakub Sa-mochowiec는 피험자들에게 잘 알려지지 않은 정치가들의 사진을 주고 좌파나 우파로 분류하도록 요청했다. 그 결과 놀라울 정도로 적중률이 높았는데, 특히 피험자의 정치적 입장과 대립되는 견해를 가진 정치가들을 찾아내는 확률이 높았다. 미국 프린스턴 대학의 알렉산더 토도로프Alexander Todorov와 크리스 올리볼라Chris Olivola는 인물 사진을 근거로 유권자들이 1초 안에 누가 얼마나 유능한지 평가할 수 있다는 사실을 밝혀내기도 했다.

두 가지 실험의 공통점은 사람들의 '직감'을 평가한 것이다. 과학이 발달한 시대에 과학적으로 설명할 수 없거나 설명될 수 없는 것들은 믿으려 하지 않지만 직감이라는 것은 분명 존재한다. 더욱 이해하기 힘든 사실은 직감이 우리가 아는 것보다 꽤나 잘 맞는다는 것이다. 과거에 무언가를 수행해 얻은 성공과 실패 체험이 쌓여 경험이 되고 그것이 무의식적으로 발현되는 것이 직감이다. 그래서 직감은 과학적으로 설명할 수 없지만 무서울 정도로 정확할 때가 많다. 못 믿겠다면 다음 사례를 보자. A 그룹의 숫자와 B 그룹의 숫자 중 평균값이 높은 그룹은 어느 쪽일까?

A   56, 77, 35, 67, 15, 23, 60

B   78, 19, 74, 82, 35, 41, 28

A의 평균값은 47.6이고 B의 평균값은 51로 3.4의 근소한 차이로 B 그룹의 평균값이 높다. 그런데 이스라엘 텔아비브 대학Tel Aviv University의 마리우스 어셔Marius Usher 교수가 2012년에 실제로 실험한 결과, 90%의 사람들이 답을 맞혔다.

옥스퍼드 사전에 따르면 직감이라는 것은 '의식적 노력과 사유를 거치지 않은 상태의 진실 인식, 내부로부터의 지식, 본능적 지식 또는 느낌'이다. 즉 순간적으로 본질을 포착하는 힘이다. 노벨상 수상자 82명 중 73명이 논리적 사고보다 직감에 의해 문제를 해결했다는 이야기도 있다. 로버트 그린Robert Greene이 쓴 《마스터리Mastery의 법칙》에 따르면 '정신이 특정 대상에 집중해 핵심을 꿰뚫고 새로운 정보와 아이디어에 눈을 떠 영감과 창의성에 날개를 펴기 시작하는 단계가 마스터리'인데, 이 단계에 이르기 위해서는 끊임없는 관찰과 훈련, 노력이 필요하다고 한다. 다시 말해 직감은 길러질 수 있다는 것이다.

직감은 노력에 의해 길러질 수 있다

직감이라는 것이 도대체 뭘까? 뇌에는 두 가지 의사 결정 시스템이 있는데, 하나는 시스템 I이고 하나는 시스템 II이다. 시스템 I은 의식적인 노력 없이 감에 의해 판단하는 것이고, 시스템 II는 의식적이고 논리적으로 모든 상황을 분석해 판단을 내리는 것이다. 횡단보도에서 멈추지 않고 달려오는 차를 보았을 때 머뭇거리다가는 큰 화를 당할 수 있으니 빨리 피하는 것이 상책이다. 이럴 때 사용되는 의사 결정 체계가 시스템 I이다. 하지만 차를 새로 장만한다고 해 보자. 이때는 가용할 수 있는 자금의 범위, 승차 인원, 사용 빈도, 향후 자금 동원 능력, 내구성, 만족도 등 종합적인 측면을 고려해 결정해야 하는데 이때 사용되는 의사 결정 체계는 바로 시스템 II이다.

시스템 I은 거의 힘들이지 않고 자동적으로 이루어지며 의사 결정 속도가 빠르다. 시스템 II 는 의도적으로 깊은 사고를 거쳐 판단하므로 집중과 노력이 요구된다. 시간은 다소 오래 걸릴 수 있지만 결과가 논리적이고 객관적이다. 뇌는 무언가 판단을 내려야 할 때 이 두 가지 시스템을 무의식적으로 사용한다. 어느 순간에 어느 시스템을 이용할 것인지는 전적으로 뇌가 선택한다. 주위의 위험 요소나 환경 변화 등 외부의 정보를 신속하게 처리하고 순간적으로 판단해야 하기 때문이다. 이 말은 시스템 I로 의사 결정해야 할 순간에 시스템 II가 발동하거나, 시스템 II에 의해 판단해야 할 순간에 시스템 I이 발동할 수도 있다는 의미이기도 하다.

의도적인 사고를 하는 시스템 II에서도 뇌 안에 저장된 모든 정보를 객관적이고 공평하게 다루거나 외부에서 주어진 정보와 비교하지는 않는다. 제한된 시간 속에서 주어진 문제 해결에 필요하다고 생각되는 정보만 꺼내서 활용한다. 의사 결정의 속도가 생존에 미치는 영향이 컸기 때문이다. 아주 먼 원시 시대에는 주변에 위험한 상황이 벌어졌을 때 관련 정보를 순간적으로 비교해 의사 결정을 내리지 않으면 목숨을 보장하기 어려웠다. 비록 그때와 환경은 다르지만 지금도 그러한 습관이 남아 의사 결정 과정에 영향을 미치고 있다.

신속하고 정확하게 의사 결정을 내리려면 감각 기관을 통해 들어오는 외부 정보만 처리하는 상향식 처리만으로는 안 된다. 뇌 안에 이미 축적된 정보를 활용하는 하향식 처리와 적절한 조합이 이루어져야만 한다. 하향식 처리를 통해 신속하고 정밀하게 의사 결정을 내리려면 지식과 경험을 뇌에 충분히 그리고 제대로 축적해야만 한다. 꾸준한 연습과 훈련, 경험이 삼위일체가 돼야 한다. 그래야만 처음 마주치는 낯선 환경에서도 최대한 올바른 의사 결정을 내릴 수 있다.

긍정적인 정서를 유지하는 것도 중요하다. 의사 결정에는 정서적 상태가 영향을 미치는데, 좋은 의사 결정을 내리려면 긍정적 정서를 유지하는 것이 유리하다. 한 연구에 따르면 긍정적 기분일 때 사람들은 통찰력과 창의력을 요하는 문제를 더 잘 풀었다. 긍정적 기분은 문제를 풀기 전 단계에서 분석력과 통찰력을 증진시키는 방향으로 뇌를 자극했다. 이는 기분이 좋을 때 사고의 유연성이 증가하고, 주의의 전반적인 폭이 커지기 때문이다. 반면에 감정적으로 불안하거나 부정적일 때는 의사 결정의 질이 낮아질 수밖에 없다.

삶이 연속된 판단과 선택에 의해 좌우된다면 질을 끌어올리기 위해서는 의사 결정의 질을 높여야 한다. 꾸준한 지식의 축적과 깊이 있는 경험, 관찰을 비롯한 다양한 훈련, 그리고 긍정적 정서를 유지하는 훈련을 거듭한다면 논리적 사고보다 뛰어난 직감의 힘을 갖출 수 있다.

에너지를 아끼려는 두뇌의 포로가 되지 말라

에너지 절약이 두뇌의 사고 패턴을 만든다

일반적으로 사람들은 자신을 이성적인 존재라고 생각한다. 자신이 가진 사고와 신념, 가치관은 항상 대한민국 사람의 중심이라 여긴다. 그렇기에 혹시라도 자기의 신념이나 사고, 가치관과 다른 사람을 만나면 그를 이기기 위해 열띤 토론을 벌인다. 끝까지 말이 통하지 않으면 상대방을 상종하지 못할 이상한 인간으로 치부할 뿐, 자신이 잘못됐을 것이란 생각은 별로 하지 않는다. 하지만 정말 모든 사람들은 이성적일까?

사람은 이성적이고 합리적인 존재라고 알려졌지만 뇌는 알고 보면 편견과 선입견으로 똘똘 뭉친 신경 덩어리다. 무게 비중으로 치면 뇌는 약 1400g으로 신체의 2%밖에 되지 않는다. 하지만 신체에서 사용되는 에너지의 무려 20%나 된다. 에너지가 모자랄 경우에는 몸보다 앞서 뇌가 에너지를 차지한다. 뇌가 멈추면 몸의 기능도 멈출 수밖에 없는 탓이다. 그러다 보니 몸은 늘 뇌에게 눈치를 주며 에너지를 아껴 쓰라고 잔소리를 한다. 눈치가 보이는 뇌는 에너지를 아끼기 위해 자주 편법을 사용한다. 외부에서 받아들이는 모든 정보를 처리하지 않고 중요하다고 여기는 일부만 처리한 뒤 나머지는 기존의 정보로 대체하는 것이다. 이렇게 하면 에너지를 아끼고 신속하게 정보를 처리할 수 있다.

예를 들어 사과는 모양이 모두 다르다. 하지만 사과를 볼 때마다 사과일까 아닐까 고민하다 보면 세상 모든 것들이 의심스러워 보이고 정체를 확인하는 데 많은 에너지를 쓸 수밖에 없다. 그래서 뇌는 이런 특징이 있는 것은 '사과'라고 정해 놓고 그 표상에 맞는 것은 의심하지 않고 사과로 받아들인다. 신속하게 판단하면서도 에너지를 줄이는 방법인 것이다.

이렇게 신속하게 판단하기 위한 표상을 패턴이라고 하는데, 뇌는 자신만의 고유한 패턴을 만들어 사고하고 판단한다. 이 패턴이 한쪽으로 쏠리면 각종 편견과 선입견이 나타나는 것이다. 예를 들어 아주 매력적인 여성과 평범하게 생긴 여성이 동일한 범죄를 저질렀을 경우 일반적으로는 형량이 같아야 한다. 하지만 실제로는 큰 차이가 나타났다는 실험 결과가 있다.

2005년 미국의 세인트안셀름 대학의 심리학과에서 72명의 사람들을 12명씩 6개 조로 나눈 후 여성 절도 피의자에 대한 배심원 역할을 부여했다. 6개 조 중 3개 조에는 아주 매력적인 여성을 피의자로 내세웠고 다른 3개 조에는 다소 외모가 떨어지는 여성을 피의자로 내세웠다. 이 실험은 실제 상황이 아닌 모의재판으로 모든 조에 부여된 상황은 동일했다. 그 결과 놀랍게도 외모가 떨어지는 여성 피의자에게는 평균 6.5명이 유죄라고 판결한 반면에 매력적인 외모의 여성 피의자에게는 평균 4.3명만이 유죄 판결을 내렸다. "미인이 끄는 힘은 황소보다 세다."라는 독일 속담이 있다. 하지만 한 사람의 인생을 좌우할 수 있는 중요한 판결에도 외모로 사람을 평가하는 오류가 숨어 있다. 아마도 이 글을 읽는 많은 여성이 불편함을 느끼겠지만, 그만큼 편견의 힘이 강하다는 것을 입증하는 것일 수도 있다.

다름에 대한 인정이 필요하다

또 다른 연구에서 동일한 여학생을 한 번은 베벌리힐스처럼 부자 동네를 배경으로 사진을 찍고, 또 한 번은 할렘 가처럼 가난한 동네를 배경으로 사진을 찍은 후 각각 다른 집단의 사람들에게 보여주었다. 사진과 함께 그 여학생의 시험 점수를 보여주면서 지능 지수를 추측해 보라고 했다. 사진에 대해서는 단 한마디도 하지 않았음에도 불구하고 부자 동네를 배경으로 찍은 사진을 본 집단의 사람들은 여학생의 지능을 평균 이상으로 추측했다. 하지만 가난한 지역을 배경으로 찍은 사진을 본 집단의 사람들은 여학생의 지능을 평균 이하로 추측했다. 더 나아가 여학생의 미래가 어떨 것 같으냐는 질문에는, 부자 동네를 배경으로 찍은 사진을 본 사람들은 "장래가 아주 촉망된다."라고 말한 반면, 가난한 동네를 배경으로 찍은 사진을 본 사람들은 "미래가 그다지 밝아 보이지 않는다."고 말했다.

이처럼 사람은 지극히 이성적이고 합리적인 존재인 것처럼 보여도 전혀 이성적이지도 합리적이지도 않을 때가 많다. 한번 굳어진 신념, 가치관은 쉽사리 변하지 않는다. 진보주의자는 태극기 부대를 '바꿀 수 없는 꼴통'처럼 바라보고, 태극기 부대는 진보주의자를 '나라 망치는 인간'으로 바라볼 뿐, 양쪽을 균형 잡힌 자세로 바라보는 사람은 별로 없다. 하지만 그 어디에도 진실은 없다. 진보주의자가 옳은지, 태극기 부대가 옳은지는 그 누구도 모른다. 각자의 신념과 가치관에 따라 판단할 뿐.

하고 싶은 말은 이것이다. 자신만 옳다고 우기지 말라는 것. 내 신념과 가치관은 내가 성장하는 과정에서 보고 듣고 느끼고 배우고 행동한 것을 바탕으로 주위 사람들의 영향을 받아 스스로 형성한 것이다. 그렇다면 다른 사람들의 신념이나 가치관도 마찬가지다. 내 것은 옳고 다른 사람의 것은 옳지 않다고 말할 수 없다. 사람을 대할 때, 그리고 그들과 커뮤니케이션할 때 서로가 다를 수 있음을 인정하기만 해도 혐오나 갈등을 줄일 수 있다.

편리함에는 대가가 따른다

내비게이션이 뇌 기능을 저하시킨다

우리가 일상생활에서 자주 쓰는 IT 기기 중 하나가 내비게이션이다. 내비게이션이 있어서 낯선 길도 별 어려움 없이 찾아갈 수 있으니 세상이 얼마나 편리해졌는지 모른다. 세상을 풍요롭게 만든 문명의 이기利器에 고마움을 느낄 뿐이다. 그러나 한편으로는 내비게이션 덕에 일일이 지도를 보고 낯선 길을 확인하지 않게 되면서 두뇌를 활용하는 데 게을러지지는 않았는지 의심해 보는 게 마땅하다.

일본의 과학자들이 간단한 실험을 했다. 피험자들을 모집해 목적지까지 걸어오라는 과제를 내 준 것이다. 연구진은 피험자들을 세 그룹으로 나누고 한 그룹은 내비게이션을 이용해 길을 찾아오도록 핸드폰을 주고, 두 번째 그룹은 종이 지도만 주었다. 그리고 세 번째 그룹은 찾아가는 길을 말로만 설명해 줬다.

연구진은 이들이 모두 목적지에 도착한 후 걸어온 경로를 지도로 그려 달라고 요청했다. 세 그룹 중에서 지도를 가장 정확하고 자세하게 그린 그룹은 설명만 듣고 목적지를 찾아온 사람들이었다. 반면에 내비게이션을 이용한 첫 번째 그룹은 지도를 그리는 데 무척 어려움을 겪었다.

이 실험 결과에 따르면 가장 편리한 문명의 이기를 사용한 그룹이 길을 찾는 데 가장 많은 어려움을 겪었는데, 이는 내비게이션에 대한 의존도가 두뇌를 활용하려는 의도적 노력을 저하시켰기 때문이라고 생각할 수 있다. 신경과학자인 노르웨이의 카야 노르뎅엔Kaja Nordengen 에 따르면 인간의 뇌 속에는 천연 GPS가 있다고 한다. 우선 현재 내 위치를 알려주는 장소 세포place cell가 있어서 현재 위치에 대한 정보와 함께 지리적 위치와 연관된 기억 정보를 제공한다. 어릴 때 친구들과 뛰어놀던 개울가를 떠올리면 당시에 신호를 보내던 장소 세포가 지금도 신호를 보낸다. 두 번째는 격자 세포grid cell로 육각형 패턴으로 거리를 측정하면서 뇌 안에 일정한 좌표를 생성하는 역할을 한다. 그래서 늘 가던 길목에서 벗어나 낯선 길로 들어서도 지금 어디쯤 있는지 짐작할 수 있다. 세 번째는 머리 방향 인지 세포, 즉 HD 세포Head Direction cell로 머리를 특정 방향으로 향할 때마다 신호를 보내 마치 나침반 같은 역할을 한다. 유독 길눈이 어두운 '길치'들은 이 HD 세포의 기능이 원활하지 않을 수 있다. 네 번째는 속도 세포_{speed cell}로 몸이 움직이는 속도에 따라 신호를 보낸다고 한다. 마지막으로 벽이나 울타리 같은 것에 도달했을 때 신호를 보내는 세포가 있는데 이를 경계 세포_{border cell}라고 한다.

격자 세포는 HD 세포가 알려 주는 정보를 받아 움직이는 방향을 파악하고 속도 세포로부터 정보를 받아 빠르기를 계산한다. 이 정보를 가지고 격자 세포가 지도를 그리면 경계 세포는 이동할 수 있는 반경을 알려 주기 위해 경계선을 표시하고, 장소 세포는 그 경계 안에서 현재의 내 위치를 알려 준다. 그런데 내비게이션같이 문명화된 기기를 사용하면 이러한 뇌 속의 GPS 장치들의 기능이 점점 저하된다. 편리하고 시간을 절약할 수는 있지만 내비게이션을 사용할수록 뇌의 기능은 떨어지는 셈이다.

전자 기기를 많이 쓸수록 뇌는 바보가 된다

캐나다 맥길 대학의 베로니크 보봇_{Veronique Bohbot} 박사에 의하면 GPS 장비에 대한 의존도가 높아지면 뇌 중에서도 기억과 학습에 관련된 해마를 적극적으로 활용하지 않아 이 부위의 기능이 떨어지고 나이가 들면 알츠하이머와 같은 질병에 걸릴 위험이 높아진다고 한다. 알츠하이머는 뇌 중에서도 가장 원시적인 부위인 해마의 신경세포부터 파괴

하기 때문이다. 실제로 알츠하이머의 초기 증상 중 하나가 해마의 신경세포들이 손상돼 장소에 대한 기억을 상실하는 것이다.

내비게이션이 치매를 불러온다는 것은 지나친 비약일 수 있고 내비게이션을 오래 사용한다고 해서 해마의 기능이 극단적으로 퇴화되지는 않을 것이다. 하지만 대체적으로 문명이 인간의 삶을 편리하게 만들면 만들수록 두뇌를 활용할 기회는 점점 박탈당할 것이라는 사실은 분명하다. 이에 따라 두뇌 기능은 저하될 것이다. 예를 들어 자율 주행 자동차가 보편타당한 교통수단이 되면 인간이 직접 운전대를 잡고 운전할 일은 없어질 것이다. 오히려 손으로 운전하는 것이 불법인 시대가 올지도 모른다. 인간은 차에 가만히 앉아 잠을 자거나 음악을 듣거나 영상만 보고 있을 텐데, 그렇다면 운전을 할 때에 비해 뇌를 쓸 일이 별로 없지 않을까?

만일 음성 인식이 보편화돼 손을 움직여 글을 쓰는 것이 받아쓰기로 바뀌면 힘들게 타이핑을 할 일도 없어질 것이다. 손은 편히 쉰 채 입만 움직여 책 한 권을 쓸 수도 있다. 그러면 손에 해당하는 뇌 부위는 기능이 저하돼 영역이 축소되지 않을까? 이 부위는 인간의 운동 피질 중에서 가장 큰 영역을 차지하고 있으니, 퇴화하면 두뇌 기능 전체가 저하될 수도 있다.

물론 인간의 지능 수준은 세기를 거듭할수록 높아졌다. 1000년 전의 인간에 비해 현대인의 지능이 높은 것은 사실이다. 하지만 지능이 높다고 해서 두뇌 기능이 뛰어나다는 얘기는 아니다. 우리보다 앞서 살았던 사람들이 남긴 유산으로 인해 인류의 문명 수준은 날이 갈수록 높아졌지만 스스로 사고하고 문제를 해결하는 수준까지 높아진 것은 아니다. 오히려 문명의 이기를 빌리지 않았던 과거 사람들의 사고나 문제 해결력이 현대인보다 낫지 않았나 하는 생각이 든다.

편리함에는 대가가 있다. 스마트폰 탓에 사람들 사이에 대화가 줄어들었듯이 문명의 이기는 반드시 우리의 뇌에서 무언가를 앗아간다. 그러므로 일상생활 속에서 지나치게 문명의 이기에 의존하려는 생각을 버리고 가끔은 불편하더라도 뇌를 활용할 수 있는 방법을 실천해보는 게 어떨까.

남자아이에게 어울리는 옷 색깔은?

잘못된 정보는 잘못된 신념을 만든다

2020년 초반, 헌신적인 방역 당국의 노력으로 잠잠해지는 듯했던 코로나가 일부 그릇된 신앙을 가진 종교 집단 탓에 일파만파 확산되며 많은 사람이 극심한 어려움을 겪었다. 누가 봐도 뻔한 사실이건만 왜 누군가는 사이비 같은 목회자에 속아 그릇된 행동을 할까? 세상에는 다른 사람의 말을 철썩 같이 믿는 일명 '팔랑귀'를 가진 사람도 많다. 그런데 인지심리학 연구에 따르면 인간은 유난히 잘 속는 존재라고 한다. 누군가 그럴 듯한 말을 하거나 가짜 근거를 들이대서 이야기를 꾸며 내면 많은 사람이 사실로 받아들여 속고 만다.

사우스웨스트 대학교의 스테파니 샤먼Stefanie Sharman 교수는 피험자들을 모집한 후 열 가지 사건을 제시했다. 여기에는 "나는 어렸을 때 복잡한 쇼핑몰에서 엄마를 잃어버린 적이 있다."와 같이 실제로 일어나거나 경험해 봤을 만한 사건부터 "나는 UFO에 의해 납치됐다."와 같이 실제로 경험했을 리 없는 사건까지 포함돼 있었다. 이후 피험자들에게 이러한 일들이 일상에서 얼마나 흔하게 일어날 수 있는지 1점부터 8점까지 점수를 매겨 평가해 달라고 했다. 1은 전혀 일어날 수 없음을, 8은 흔히 일어날 수 있음을 나타낸다. 더불어 본인들이 이러한 사건들을 겪었는지 확신하는 정도에 대해서도 1부터 8까지의 척도로 답해 달라고 요청했다. 1은 절대로 그런 일이 일어나지 않았음을, 8은 틀림없이 그 일이 일어났음을 나타낸다.

2주가 지난 후 연구진은 그들을 다시 불렀다. 피험자들은 자신들이 평가했던 사건 중 네 개 사건에 대한 정보를 받았다. UFO에 납치된 것같이 일어날 수 없는 사건을 제외하고 네 개의 사건 모두 가능성이 낮거나 중간 정도인 사건이었다. 정보의 출처는 신문 기사, 제3자의 진술, 이전 피험자들로부터 나온 자료 등이었다. 모든 정보는 사건이 실제로 일어날 확률이 높다고 여기도록 조작된 것이었다. 실험 결과, 발생 확률을 높인 모든 정보가 참가자들에게 거짓된 신념이 커지도록 하는데 영향을 끼친 것으로 나타났다. 특히 가짜 신문 기사에서 정보를 얻은 피험자들은 그 사건들을 경험했다고 더욱 확신했다.

사람들은 자기 고유의 사고 과정을 통해 신념이 형성된 것이라고 착각하지만, 주위 사람들의 영향에 의해 만들어지는 경우가 많다. 인간은 사회적 존재이기 때문에 같은 사회적 집단에 속한 사람들의 사고와 크게 동떨어진 생각을 하긴 어렵다. 예를 들어 여자 조카 아이가 태어나면 여러분은 분홍색 옷을 사 주겠는가, 파란색 옷을 사 주겠는가? 아주 튀는 개성을 가진 사람이 아니라면 대부분은 분홍색 옷을 살 것이다. 우리는 남아에게는 파란색, 여아에게는 분홍색이나 빨간색이 어울린다는 생각을 가지고 있다. 이를 뒤집어 생각하는 사람들은 별로 없다. 하지만 1918년의 한 상업지 기사에는 "분홍색은 좀 더 단호하고 강렬한 색깔이어서 남자 아이에게 적합하고, 파란색은 좀 더 섬세하고 우아해서 여자 아이들에게 어울린다."라고 적혀 있다. 불과 100년 전에만 해도 사회적인 통념이 지금과 완전히 달랐고 그것이 사람들의 신념에 영향을 미친 것이다. 이처럼 사회화를 추구하는 사람들은 다른 사람들로 말미암아 신념이 형성되기도 하고 바뀌기도 한다.

문제는 잘못된 정보가 잘못된 신념을 심어 준다는 것이다. 정보 통신과 영상 기술이 발달하고 전문 지식들이 보편타당해지면서 나타나는 폐해 중 하나가 '가짜 정보', 즉 잘못된 정보다. 특히나 진짜와 구분할 수 없이 정교하게 만들어진 가짜 뉴스는 분별력 없는 사람들 안으로 파고든다. 여기에 자신이 듣고 싶은 것만 듣고 보고 싶은 것만 보려고 하는, 뇌가 만든 편견이나 선입견은 가짜 정보를 진짜 정보로 오인하게 만들고 잘못된 신념을 공고히 하는 수단이 될 수 있다.

가짜 정보를 구분할 수 있는 혜안을 길러야 한다

2001년에는 이런 실험이 진행됐다. 연구진이 실험 참가자들에게 어렸을 때 악령이 몸에 깃드는 현상을 경험한 적이 있는지 물었다. 더불어 그런 일이 실제로 일어날 수 있다고 생각하는지 타당성과 함께 자기가 실제 그런 일을 경험했다고 확신하는지 평가해 달라고 했다. 이런 질문에 대해서는 악령을 믿는지 안 믿는지의 신념이 영향을 미칠 수밖에 없다. 그런 다음 연구진은 실험 참가자들에게 다양한 내용의 기사를 보여주었다. 기사의 주된 내용은 어렸을 때 악령이 몸에 깃드는 현상을 경험하는 경우가 심심찮게 있다는 것으로, 어렸을 때 이런 경험을 했다고 주장하는 사람들의 인터뷰도 실려 있었다. 기사를 읽고 나자 처음에는 악령이 없다고 답한 사람들 중 대다수도 악령이 몸에 깃드는 일이 충분히 있을 수 있다는 쪽으로 생각이 바뀌었다. 나아가 자신이 틀림없이 그런 경험을 했다고 확신하는 사람들도 늘어났다.

이 실험 역시 다른 사람들로부터 받은 영향이 자신의 신념을 바꿔놓을 수 있다는 것을 보여준다. 그런데 한 사람의 신념이라는 것이 그렇게 쉽게 바뀔 수 있을까? 의아스럽겠지만 인간의 잘못된 기억 체계는 자신 안에서도 잘못된 신념이 자라나도록 만든다. 완전하지 못하고 쉽게 변형되거나 왜곡되는 인간의 기억 체계가 다른 사람의 말이나 전문가의 의견을 듣는 순간, '내가 잘못 알았나?' 혹은 '내가 잘못 알고 있었는지도 몰라' 하며 생각을 바꾸게 만들고 잘못된 신념까지 심어주는 것이다.

　세상은 점점 복잡해지고 가짜 정보와 진짜 정보를 구분하는 경계선도 애매해지고 있다. 가짜 뉴스에 휘둘려서 잘못된 신념을 가지는 것은 참으로 어리석은 일이 아닐 수 없다. 여기서 벗어나는 방법은 단 하나뿐이다. 끊임없이 스스로를 돌아보는 것. 거울을 보듯 나를 들여다보며 '나는 과연 옳은가'라고 되묻고 반성하는 것이다. 세상에 절대적인 신념은 있을 수 없다. 어떤 신념은 옳고 어떤 신념은 그른 것이 아니다. 다수가 지지한다고 해서 옳은 것도 아니고 소수가 지지한다고 해서 그른 것도 아니다. 신념은 시대에 따라, 상황에 따라 달라질 수 있다. 그리고 한 번 형성된 신념도 조건에 따라 얼마든지 변할 수 있다. 그러므로 자신만이 옳다는 생각, 자신의 생각만이 정답이라는 생각은 버려야 한다. 그런 생각을 버렸다면 애초에 거짓 정보에 속아 넘어가지도 않겠지만 말이다.

다른 의견을 말할 수 있는 용기

사회적 압력이 높을수록 이견이 허용되기 어렵다

꽤 오래 전에 모두가 '예스'라고 할 때 혼자 '노'라고 말할 수 있는 용기를 가져야 한다는 광고 카피가 있었다. 큰 호응을 받았던 것으로 기억하는데 어디까지나 광고 속에서나 할 법한 얘기이고 실생활은 그와 많이 다르다. 실제 생활 속에서는 틀렸다는 것을 뻔히 알아도 대다수가 옳다고 하면 맞서기 쉽지 않다. 직장과 같이 경제적 이해관계가 달려 있는 상황이라면 더더욱 그렇다. 자칫 잘못하다가는 집단에서 배제돼 생존과 번식에 위험한 상황을 맞을 수 있기 때문이다.

사람들이 다수의 사람과 의견이 달라도 쉽사리 밝히지 못하는 것은 사회적 압력과 관련이 있다. 사회심리학자인 솔로몬 아시Solomon Asch는

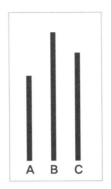

여러 명의 피험자들을 대상으로 간단한 지각 검사를 했다. 그들 중 진짜 피험자는 한 명뿐이었고 나머지는 사전에 아시 교수와 짜고 가짜로 참여한 실험 보조자들이었다. 피험자들은 스크린에 제시되는 세 개의 선 중 왼쪽에 보이는 선과 가장 유사한 길이의 선을 찾는 과제를 받았다. 답은 누가 봐도 C였다.

그런데 진짜 피험자가 답을 말하기 전에 실험 보조자 대부분이 먼저 "B."라고 말했다. 그러자 진짜 피험자는 그 답이 틀렸다는 것을 뻔히 알면서도 자기 의견을 자신 있게 말하지 못하고 틀린 답을 따라가는 동조 행동을 보였다.

이와 유사한 실험에서 피험자들이 자신의 의견과 자기가 속한 집단의 다른 사람들과 의견이 다른 것을 인식했을 때, 편도체의 활동이 증가하는 현상이 관찰됐다. 불안이나 공포, 두려움 등의 감정을 관장하는 편도체가 활성화된 것은 다수의 의견과 자신의 의견이 다르다는 사실에 대해 불안함이나 두려움을 느낀다는 의미일 수 있다. 그래서 그 불안과 두려움을 없애려고 참가자들은 다수의 의견을 따라 자신의 의견을 쉽게 바꾸는 것일지도 모른다. 튀어 봐야 좋을 것이 없으므로 말이다.

사회적 압력에 맞설 수 있는 용기가 필요하다

또 다른 연구에서 피험자들은 연구자가 제시한 여러 사람의 얼굴을 보고 매력도를 평가했다. 피험자가 먼저 평가를 내리고 난 후, 다른 사람들이 내린 매력도의 평균치가 제시됐다. 피험자의 평가가 다른 사람들과 비슷한 경우도 있었고 다른 경우도 있었다. 이때 뇌의 반응을 fMRI 장비로 촬영해 보면 재미난 사실을 알 수 있다. 자신의 평가가 다른 사람들의 평가와 크게 다르다는 사실을 확인하면 뇌에서 측좌핵의 반응이 감소했다. 이는 보상 중추가 활성화되지 않았다는 것으로 즉, 즐겁지 않은 상황에 처했음을 나타낸다. 반면에 자신의 평가와 다른 사람들의 평가가 일치하거나 큰 차이가 없는 경우에는 측좌핵의 반응이 증가했고 기분 좋은 감정을 느꼈다. 자신의 의견이 다수의 의견에 부합할 때는 보상의 감정을 느끼지만 상충할 때는 그러한 감정을 느낄 수 없다는 것이다.

대체로 평범한 사람들이라면 '튀는 것'을 그리 좋아하지 않는다. 자신의 의견과 집단 내 다수의 의견이 다른 상황은 불안을 야기할 수 있으므로 회피하고 싶을 것이다. 반면 자신의 의견과 집단 내 다수의 의견이 같은 상황은 선호하고 싶을 것이다. 불안이나 초조보다는 쾌감의 보상을 느끼는 것이 더욱 좋으므로 말이다. 그래서 자신의 의견이 다수의 의견과 다를 경우 소신 있게 의견을 밝히기보다는 회피 동기를 따라 무조건적으로 집단의 의견을 좇아가는 행동이 나타날 수 있다.

특히나 자신이 속한 집단이 경직되고 수직적 위계질서가 엄격할수록 회피 동기는 강하게 나타난다. 높은 사람의 한마디에 전체가 말 못한 채 따라야 한다는 집단 사고가 나타날 수 있다. 미국의 한 역사 교사는 집단 사고의 위험성을 실질적으로 보여주기 위해 인류 역사상 최악의 독재자 중 한 명인 히틀러의 사상을 학생들을 대상으로 직접 재현해 보기로 했다. 그는 나치 운동을 모델 삼아 '제3의 물결The Third Wave'이라는 집단을 만들고 학생들에게 규율과 공동체를 근간으로 생각하도록 요구했다. 단체 구호, 단체 행동, 단체 깃발 등은 학생들을 하나의 공통된 집단으로 만들어 갔다. 하지만 불과 5일이 지나기도 전에 이 집단은 수백 명 규모로 걷잡을 수 없이 커졌고 실험은 부랴부랴 중단됐다. 영화 〈제3의 물결〉의 소재가 된 이 사건은 집단을 이루었을 때 인간의 사고가 얼마나 무섭게 변화하는지를 잘 보여준다.

집단 사고는 조직의 건강을 갉아먹는 좀이나 다름없다. 사회가 건강해지고 한 조직이 건강해지려면 다수의 의견에 반대하는 소수의 의견을 자유롭게 개진할 수 있어야 한다. 귀를 열고 가슴을 열어야 한다. 스스로 옳다고 생각하면 사회적 압력을 이겨 낼 수 있는 용기를 가져야 한다. 그래야 세상은 점점 발전할 수 있다.

빅 브라더는 우리 곁에 있는지도 모른다

뇌는 무의식중에 세뇌될 수 있다

'세뇌brainwashing'라는 말이 있다. 사람이 본디 가졌던 믿음을 다른 방향으로 바꾸거나 특정한 사상을 따르도록 뇌리에 주입하는 것이다. 주로 정치적인 행위에서 사용돼 무언가를 반복적으로 주입해 평소 가진 신념, 믿음 따위가 달라지도록 만드는 행위를 말한다. 개종하거나, 한국 전쟁이 끝난 후 중공군 포로가 된 미군들처럼 민주주의를 버리고 공산주의를 신봉하는 것 등이 세뇌의 사례라 할 수 있다.

사람의 신념은 정말 외부의 힘에 의해 바뀔 수 있을까? 하버드 의과대학의 정신과 의사 제임스 밀러James G. Miller는 잠재의식은 아주 희미한 이미지조차 인식할 수 있다는 사실을 증명했다. 이른바 초감각적 지각ESP, Extra-Sensory Perception 연구였다. 밀러는 피험자들을 커다란 거울처럼 보이는 것과 마주 앉게 한 뒤 뚫어지게 쳐다보라고 하고 자신은 다른 방에서 텔레파시로 카드 이미지를 전달하겠다고 했다. 그리고 가끔씩 전화를 걸어 텔레파시로 어떤 카드를 전달했는지 물어봤다. 이 실험에서 영사기를 이용해 몇백 혹은 몇천분의 1초 정도로 짧은 시간 동안 거울 뒤쪽에 카드 이미지를 비춰 거울에 투사되도록 했는데, 잠재의식이 카드를 인식할 수 있는지 알아보려는 것이었다.

실험 결과, 피험자들은 영사기로 카드를 보여줬을 때 밀러의 카드를 훨씬 더 정확히 맞혔다. 하지만 영사기를 끈 자 카드를 맞힌 비율은 급락했다. 피험자들은 모두 자신의 초감각적 지각이나 직감 덕분에 카드를 맞혔다고 생각했으며 거울에 투사된 이미지를 의식하고 대답했다고 생각한 사람은 한 명도 없었다. 2단계 실험에서 밀러는 이미지를 점점 밝게 비춰 방에 들어서는 사람은 누구든 쉽게 식별하도록 했다. 그런데도 피험자들은 여전히 카드가 보인 건 자기 상상력 때문이라고 믿었다.

이렇듯 사람의 잠재의식에 의도적으로 영향을 미칠 수 있는데, 오래 전 광고에 이를 활용한 사례가 있다. 잠재의식 속에 이미지나 메시지를 남겨서 소비자가 특정 상품을 구매하게 만드는 것인데 이를 식역하識閾下 광고subliminal advertising라고 한다. 여기에서 '역閾'은 문지방이라는 뜻이다. 식역하란 '의식의 문지방 아래', 즉 잠재의식을 말한다. 말이 참 어렵다.

식역하 광고는 1957년에 제임스 비케리James Vicary라는 시장 조사 전문 기관의 대표에 의해 만들어졌다. 비케리는 뉴저지의 한 야외 영화관에서 6주에 걸쳐 영화 사이에 "목마른가? 코카콜라를 마셔라Thirsty? Drink Coca-cola"또는 "배고픈가? 팝콘을 먹어라Hungry? Eat Popcorn"와 같은 메시지를 내보냈다. 5초마다 메시지가 반복됐지만 3000분의 1초라는 의식할 수 없는 아주 짧은 시간 동안 노출돼 관객은 메시지를 볼 수 없었다. 하지만 이 잠재의식 광고가 나간 후 코카콜라는 18%, 팝콘은 58%나 매출이 증가했다. 이 실험에 대한 조작설도 있긴 하지만, 이후 식역하 광고는 소비자의 잠재의식을 파고들어 원치 않는 소비를 부추기는 비윤리적인 행위라는 이유로 전면 금지됐다.

세뇌가 원치 않는 사고와 행동을 불러올 수 있다

또 다른 실험도 있다. 샌디에이고 대학의 심리학자 켄트 베리지Kent Berridge와 피오트르 윙클만Piotr Winkielmann은 갈증에 시달리는 30명의 피험자들을 두 그룹으로 나눈 뒤 음료수를 사는 데 돈을 얼마나 지불할 용의가 있는지 물었다. 그 전에 한 그룹에게는 50분의 1초보다 짧은 간격으로 화가 난 얼굴 사진을 보여주고 다른 그룹에는 웃는 얼굴 사진을 보여주었다. 그러자 화가 난 얼굴 사진을 본 그룹은 음료수를 구매하는 데 10센트를 쓸 용의가 있다고 답했지만, 웃는 얼굴을 본 그룹은 38센트를 지불하겠다고 답했다. 비록 사진을 보여준 시간이 너무 짧아 누구도 의식하지 못했지만 부정적인 사진이 스트레스를 유발한 반면, 긍정적인 사진은 즐거움을 유발한 것은 물론이고 구매 금액을 결정하는 데도 큰 영향을 미쳤다.

이런 것들이 왜 문제가 될까? 대수롭지 않게 여길 수 있지만 이러한 실험들은 사람의 뇌가 자신도 모르는 사이에 특정한 믿음에 길들여질 수 있음을 보여준다. 만일 이렇게 일반 사람들이 인식하지 못하는 사이에 'A라는 기업은 좋은 기업이다'라는 광고를 내보낸다면 그 광고를 본 사람들의 마음속에는 A 기업에 대한 우호적인 성향이 자리잡을 것이다. 문제는 언제, 누가, 어떤 메시지를 내보낼지 모른다는 것이다. 처음에는 제품을 홍보하기 위한 수단으로 등장했더라도 시간이 지나면 사람들의 생각을 은밀히 조작하는 강력한 도구로 변질될 것이 틀림없다. 이는 일종의 뇌에 가해지는 반복적인 메시지, 즉 세뇌와 다를 바 없다.

실제로 신경과학과 마케팅을 접목한 '뉴로 마케팅neuro-marketing' 분야의 대부 격인 데이비드 루이스David Lewis가 속한 한 실험실에서 긍정적 사건 또는 부정적 사건을 묘사한 식역하 이미지를 1만분의 1초 동안 사람들에게 보여주었다. 긍정적 이미지는 꼭 안고 싶은 강아지 같은 것이고 부정적 이미지는 피로 얼룩진 시체 같은 것이었다. 뒤이어 이들에게 일반인들의 사진을 보여주고 성격이 어떨 것 같은지 평가해달라고 부탁했다. 그러자 긍정적인 이미지를 본 사람들은 긍정적인 평가를 내린 반면, 부정적인 이미지를 본 사람들은 부정적인 평가를 내리는 비율이 높았다. 또한 부정적인 이미지를 본 사람들이 긍정적인 이미지를 본 사람들에 비해 훨씬 더 강한 정신적, 신체적 각성 상태를 보였다.

이 실험 결과는 만일 대중을 조종할 목적으로 특정인 혹은 특정 단체에 유리한, 또는 불리한 메시지를 내보내면 사람들은 그런 메시지를 본 줄도 모른 채 세뇌당할 수밖에 없다는 것을 보여준다. 혹시 아는가? 지금은 식역하 광고를 사용하지 못하지만 누군가에 의해 버젓이 광고가 자행되고 있는지 말이다. 혹은 누군가가 정치적 목적으로 그걸 이용하고 있는지도 모를 일이다. 실제로 텔레비전은 여러 가지 경로를 통해 부지불식간에 사람들의 사고를 왜곡하고 편향되게 만들거나 잘못된 인식을 심어 줄 수 있다. 그러니 자신의 뇌를 모르는 사이에 누군가가 조종하지 않도록 조심 또 조심하는 수밖에 없다. 빅 브라더는 이미 우리 안에 깊숙이 들어와 있는지도 모른다.

비판할수록 진실에 가까워진다

비유에 따라 문제 해결 방식도 달라진다

우리나라 말에 '아' 다르고 '어' 다르다는 말이 있다. 같은 말이라도 어떻게 표현하느냐에 따라 상대방이 받아들이는 뉘앙스가 다름을 나타내는 비유다. 글을 읽다 보면 비유가 적절하게 사용된 글과 그렇지 않은 글은 차이가 난다는 것을 느낄 때가 많다. 밋밋하게 직설적으로 쓰인 글에 비해 적절하게 비유를 사용한 글은 마치 기름을 바른 듯 부드러우면서도 읽는 맛이 난다. "인생은 쾌락과 고통 사이를 오가는 롤러코스터 같은 것"이라고 표현하는 것과 "인생은 극도로 기쁜 순간과 극도로 슬픈 순간 사이를 오르락내리락하는 것"이라고 표현하는 것은 읽는 느낌이 다르다. 그래서 좋은 글은 작가의 의도가 잘 나타나도록 적절한 비유를 사용한 것이 많다.

잘 깨닫기 어렵지만 가끔은 비유라는 것이 사람의 사고와 판단에 지대한 영향을 미치기도 한다. 하나의 신문 기사로 인해 사회가 벌집을 쑤신 듯 난리 나는 경우가 있는 것을 보면 말이다. 스탠포드 대학교의 폴 타이보도Paul Thibodeau와 레라 브로디츠키Lera broditsky는 비유의 힘에 관해 연구했다. 비유가 사람들에게 힘을 발휘하는 이유는 무엇이며 언제 사용해야 영향을 크게 미치는지 알아내기 위한 것이었다.

이들은 먼저 482명의 학생들을 모집해 에디슨이라는 도시에서 일어난 범죄에 관한 보고서 두 개 중 하나를 읽도록 했다. 하나의 보고서에는 "이웃들 속에 몸을 숨긴 채 도시를 집어삼키는 야수"가 범죄를 저질렀다고 상황을 묘사했다. 또 다른 보고서에는 "도시를 전염시키고 지역 사회를 괴롭히는 바이러스"라고 범죄를 표현했다. 연구진은 보고서를 읽은 학생들에게 어떻게 하면 범죄 행위를 막을 수 있을지 문제 해결 방안을 제시하도록 했다.

첫 번째 보고서를 읽은 학생들은 대부분 공권력을 더 많이 행사하거나 감옥을 늘리거나 처벌을 강화하거나 군대를 동원하는 등 강력한 법 집행과 처벌이 포함된 대안을 제시했는데 그 비율이 74%에 달했다. 범죄를 원천적으로 차단하기 위한 경제적인 문제의 해결, 교육 개선, 좀 더 나은 보건 서비스 같은 사회 인프라의 개혁 방안을 제시한 학생들은 불과 25%뿐이었다. 반면에 두 번째 보고서를 읽은 학생들의 생각은 조금 달랐다. 이들 중 강력한 법 집행과 처벌을 대안으로 제시한 학생은 56%에 그쳤고, 나머지 44%는 사회 인프라 개혁이 범죄 예방에 효과적이라는 의견을 제시했다.

이 실험을 통해 범죄 혹은 범죄를 유발하는 상황을 어떻게 비유하느냐가 문제 해결 방향에 영향을 미친다는 것을 알 수 있다. 하지만 정작 실험에 참가한 학생들은 그걸 깨달은 사람이 별로 없다. 불과 3%의 학생들만이 문제 해결 방안을 제안하는 데 제시된 비유가 영향을 미쳤다고 답했으며 나머지 97%는 비유와 상관없이 범죄 통계만 보고 문제 해결 방안을 제시했다고 답했다. 실제로는 문장이 어떻게 쓰였느냐에 따라 의사 결정에 영향을 받았음에도 불구하고 정작 본인은 그 사실을 깨닫지 못하는 사람이 많은 것이다.

날 선 비판력이 필요하다

연구진은 다른 실험을 했다. 이번에는 강렬한 단어를 제외한 보고서를 활용했는데 범죄를 야수나 바이러스에 비유한 것은 한 번뿐이었지만 결과는 처음 실험과 크게 다르지 않았다. 한 가지 더 밝혀 낸 사실은 비유라는 것이 적절한 맥락 안에서 사용돼야 하며 그렇지 않으면 단어 자체는 그다지 큰 영향력을 발휘하지 못한다는 사실이었다. 연구진이 학생들에게 범죄 보고서를 읽도록 하기 전에 '야수'나 '바이러스'와 유사한 단어들을 떠올려 보라고 한 경우에도 처음 실험과 결과는 비슷했다. 결국 비유는 이야기의 흐름에 적절한 맥락에서 사용될 경우에만 사람들의 의사 결정에 영향을 미치는 것이다. 보고서의 끝부분에 앞서와 같은 비유를 사용할 경우 사람들의 판단에는 큰 영향을 미치지 않았다. 그러므로 비유를 활용해 문장을 만들 때에는 적절한 맥락을 찾아 활용하는 것이 중요하다.

이 내용은 작가가 되거나 글을 조금 더 잘 쓰고 싶은 사람들에게 도움이 될 수 있을지 모른다. 그런데 이 사례를 굳이 소개한 이유는 우리나라 언론에 대한 이야기를 하고 싶어서이다. 지금 우리 사회에는 몇 가지 화두가 있는데, 그 중 하나가 '언론 개혁'이다. 실험 내용에서 보듯 비유가 글을 읽는 독자에게 미치는 영향은 적지 않다. 그래서 언론은 사실 관계가 왜곡되지 않도록 팩트를 알기 쉽게 전달해 독자들이 올바른 판단을 내리도록 이끌 의무와 책임이 있다.

하지만 작금의 한국 언론은 그것에서 벗어나 오히려 왜곡된 판단을 내릴 수 있도록 잘못된 비유를 활용하는 경우가 많다. 이 실험의 결과를 교묘하게 이용하고 있다는 생각이 들 때가 많다. 게다가 사실이 아닌 것을 사실인 양 보도하거나 맥락 없이 '허리 잘린' 말들을 팩트인 양 보도해 독자가 오해하도록 만드는 일이 비일비재하다. 그들이 이 사실을 모를 리 없다. '아'와 '어' 중 무엇을 써야 하는지 누구보다 잘 알고 있다. 하지만 '아'를 쓸 자리에 '어'를 쓰고, '어'를 쓸 자리에 '아'를 써서 앞선 실험에서와 같이 서로 다른 사고와 판단을 하도록 만들고 있다.

별다른 이유는 없다. 오로지 자신들의 정치적 견해와 추구하는 이익 방향에 따라 그리 행동할 뿐이다. 실험에서 나타나듯 글을 읽고 판단을 내리는 사람들은 정작 자신들의 생각이 누군가가 의도한 프레임 안에 있다는 것을 깨닫지 못한다. 그래서 그러한 글에 오래 노출되면 '옳다'고 생각하고 진실처럼 받아들인다. 완전히 글이 만든 프레임에 갇히고 마는 것이다.

국민들의 알 권리를 충족시킨다는 명분으로 한쪽으로 치우친 기사를 쓰는 것은 독자의 합리적인 사고와 판단을 방해하며 그러한 사회는 건강할 수 없다. 글이 만든 프레임에 따라 사고가 제한되는 것이 아니라, 팩트에 따라 독자 스스로 판단할 수 있게 만들어 주는 것 그게 바로 참다운 언론이 할 일이다. 지금 우리 사회에서는 그것이 안 되고 있으니 '언론 개혁'이 필요한 것이다. 하지만 이는 요원한 일이니 그런 기적이 일어날 때까지는 각자 날 선 비판력을 가지고 진실이 무엇인지 알기 위해 노력해야 한다.

PART 4

뇌를 알면
일의 성과를 높일 수 있다

결심하지 말고 질문하라

스스로 질문하면 동기가 높아진다

사람이라면 누구나 성공적인 삶을 살고 싶어 한다. 직장에서 임원의 자리에 오르고, 경제적 걱정 없이 살 만큼 큰돈을 벌고, 주위 사람들로부터 존경받고 싶다. 또한 사회적으로 가치 있는 사람으로 인정받고, 주변 사람이나 가족들과 원만하고 화목하게 지내고 싶어 한다. 억지로 하기 싫은 일을 하며 살기보다는 하고 싶은 일하며 여유로운 삶을 살고 싶어 한다. 성공의 개념은 사람마다 다르지만 누구나 오늘보다 나은 내일, 내일보다 나은 모레를 꿈꾸며 나날이 발전하는 삶을 살기 원한다. 욕심 없이 사는 사람이라도 실패한 인생보다는 성공한 인생을 살고 싶을 것이다.

성공한 삶을 살기 위해 사람들은 끊임없이 자신을 발전시키려 한다. 퇴근 후에 무언가를 배우러 다니거나 공부를 하고, 꾸준히 운동을 하기도 하며, 여윳돈이 생길 때마다 투자를 하기도 한다. 대다수의 사람들은 발전적인 목표를 세우고 나쁜 습관을 끊어 버리거나 좋은 습관을 들이려고 노력한다. 하지만 새로운 시도나 도전이 늘 성공하는 것은 아니다. 목표를 달성하는 사람도 있고 실패하는 사람도 있다. 개인의 의지나 인내력, 절박함 등 여러 요소가 영향을 미치지만 목표를 달성하기 위해서는 스스로에 대한 동기 부여도 중요하다.

한 실험 결과에 따르면 사람들은 단순히 뭔가를 할 것이라고 자신에게 이야기할 때보다 그 일을 할 수 있는지 자문할 때 훨씬 더 강한 동기를 부여받는다고 한다. 흔히들 내면의 목소리에 귀를 기울이라고 말하는데 목표를 달성하도록 동기 부여하는 데 큰 효과가 있다는 말이다.

일리노이 대학의 이브라힘 세나이Ibrahim Senay, 돌로레스 알바라신Dolores Albarracin, 서던 미시시피 대학의 켄지 노구치Kenji Noguchi 교수 팀은 피험자 50명을 대상으로 두 가지 실험을 했다. 우선 이들에게 철자 순서를 바꾼 단어를 준 후 올바른 단어를 맞히게 했다. 예를 들어 'PILRA'를 보고 'APRIL'을 맞추는 식이다. 첫 번째 그룹에게는 문제를 풀기에 앞서 문제 풀 준비가 되었는지 잠깐 동안 자문하도록 했고, 두 번째 그룹에는 문제를 풀 거라고 스스로에게 이야기하게 했다. 실험 결과는 문제를 풀 것이라고 스스로에게 얘기했을 때보다 문제를 풀 준비가 됐는지 자문했을 때 더 좋은 성적이 나왔다. 어떤 일을 하기 전에 "이 일을 해야 해." 또는 "이 일을 할 거야."라고 말하는 사람보다는 "이 일을 정말 하고 싶니? 한 번 해 볼까?" 하고 묻는 사람이 더 좋은 성과를 낸다는 것이다.

연구진은 이를 변형한 실험도 진행했다. 단어 맞추기 테스트에 앞서 사람들에게 작문을 하도록 했는데, 한 그룹은 "I Will"로 시작되는 문장을 쓰도록 하고 다른 그룹은 "Will I"로 시작되는 문장을 쓰도록 했다. 작문이 끝난 후 테스트를 진행했는데, "I Will"로 시작하는 문장을 썼을 때보다 "Will I"로 시작되는 문장을 쓰게 했을 때 더 좋은 성적이 나왔다. 역시 다짐보다 자문할 때 더 좋은 성과가 나왔음을 알 수 있다.

쉽사리 달성할 수 없는 과제를 수행하는 경우, 예를 들어 1년 안에 몸무게를 10킬로그램 감량하기로 했다고 하자. 이때 '반드시 살을 빼야 해!'라고 생각하고 시작하는 것보다는 '내가 몸무게를 목표만큼 감량할 수 있을까? 끝까지 잘 견뎌 낼 수 있을까?' 하며 스스로에게 질문을 던질 때 더 효과가 있다는 것이다. 단순히 무언가를 해야 한다고 했을 때는 그 목표를 이루어야 하는 당위성이나 그것을 이루기 위한 달성 방법 등에 대해 깊이 있게 생각하기 어려울 수 있다. 하지만 스스로에게 자문하면 목표를 달성해야 할 당위성과 문제 해결 방법을 찾으려는 동기가 높아져 좋은 결과를 얻을 수 있다.

담배를 끊으려 할 때도 마찬가지다. 매년 새해가 되면 많은 사람이 담배를 끊겠다고 결심하지만 작심삼일이라는 말처럼 쉽게 끊지 못한다. 이때 '담배를 끊을 거야. 내일부터 당장 끊자'라고 생각하고 금연에 도전하기보다는 '내가 담배를 끊어야 할까? 내가 담배를 끊고 싶은가? 내가 담배를 끊을 수 있을까?'라고 스스로에게 질문을 던지고 자신과 대화를 나누면 실제로 금연에 성공할 가능성이 더 높아지는 것이다.

이는 우리가 지금까지 알고 있던 것과는 상당히 다른 얘기다. 우리는 무언가 하기 싫거나 어려운 과정을 거쳐야 하는 일을 추진하고자 할 때면 스스로에게 의지를 다지는 주문을 외우라는 이야기를 많이 들었다. 하지만 그것보다 더 효과 있는 것은 스스로에게 자문하고 답을 찾는 것이다. 그러니 어려운 일을 하기에 앞서 '할 수 있다'라고 스스로 세뇌하기보다는 '하고 싶니? 할 수 있을까?' 하고 질문을 던지는 것이 더 바람직한 셈이다.

자신을 3인칭으로 대하면 자신감이 높아진다

사람들 중에는 자기 이야기를 할 때 '내가'나 '나는'이 아니라 이름으로 부르는 사람들이 있다. 예를 들어 "나는 이 글을 쓰고 있다."가 아니라 "은우는 이 글을 쓰고 있다."라는 식으로 표현하는 것이다. 그런 사람들을 보면 마치 어린아이 같고 자기애적 사고에서 벗어나지 못한, 조금은 철딱서니 없는 사람처럼 보이기도 하지만 놀랍게도 이처럼 자신을 제3자의 관점에서 부르는 것이 자신감을 높이는 데 도움이 된다고 한다.

2017년 7월 《사이언티픽 리포트Scientific Reports》에 흥미로운 논문이 실렸다. 미시간 주립 대학 심리학과의 제이슨 모저Jason S. Moser 교수가 쓴 논문의 제목은 〈3인칭 자기 대화로 인지적인 노력을 하지 않고도 감정 조절을 쉽게 할 수 있느냐〉였다. 즉 의도적으로 감정을 제어하는 역할을 담당하고 있는 전두엽을 동원한 노력을 하지 않고도 자신을 제3자처럼 불러서 감정을 쉽게 조절할 수 있느냐 하는 것이다.

이 주제를 검증하기 위해 연구진은 피험자들에게 두 가지 실험을 진행했다. 혐오스러운 이미지를 보여줄 때와 부정적인 자전적 기억을 상기할 때 ERP(사건 관련 전위)와 fMRI(기능적 자기공명 영상장치)를 이용해 신경 활동을 관찰했다. 결과적으로 보면 3인칭 자기 대화가 상대적으로 큰 노력을 들이지 않고도 자제력을 형성할 수 있다고 한다. 즉 부정적인 상황에서 자신을 '나' 대신 이름으로 불러 마치 제3자인 듯 말하면 특별한 인지적인 노력 없이도 감정 조절이 가능하다는 얘기다. 예를 들어 무언가에 화가 많이 났을 때 "참아, 참아." 하고 말하기보다는 "은우야, 참아."라고 말하는 게 더욱 효과적이라는 말이다.

미국의 정신과 의사인 킴 슈나이더먼Kim Schneiderman은 사회에서 성공했다고 여겨지는 사람들 중 많은 사람이 자신을 3인칭으로 부르는 화법을 가졌다고 지적했다. 즉 '나는'이나 '내가' 대신 자신의 이름으로 호칭하는 사람이 실제로 성공하는 경우가 많다는 것인데, 미국 대통령이던 도널드 트럼프나 리처드 닉슨, 농구 선수인 르브론 제임스_{Lebron} James 등이 대표적이다. 연구자들은 3인칭 화법이 자신의 부정적인 감정을 조절해 자신감을 향상시킬 수 있는 효과적인 기법이라고 말했다.

이 두 가지 예에서 얻는 시사점은 이러하다. 자신을 '나' 대신 이름으로 불러 마치 제3자가 바라보듯 심리적 거리를 두면, 통찰력을 얻도록 자신을 재구성하는 데 도움이 된다는 것이다. 개인에게 있어서 자신감을 갖지 못하는 상황은 부정적인 상황임에 틀림없다. 이때는 자신의 감정 상태를 이해하고 자신감을 가지라고 끊임없이 주문을 불어넣는 등 인지 활동이 필요하다. 하지만 이때 자신을 제3자처럼 바라보면 특별한 인지적 노력 없이도 자신감을 갖는데 필요한 감정 조절이 가능하고 이것이 반복되면 실제로 자신감이 발휘되는 경우가 많다는 것이다.

선뜻 이해하기 어려울지도 모르지만 자신감이 없다는 것은 내면의 부정적인 감정의 목소리가 끊임없이 말을 걸어오는 것이다. 즉 잠재의식 속에 형성된 신경회로가 활동하기 시작했다는 것을 의미한다. 그 순간 '나'가 아닌 마치 제3자처럼 객관적으로 나를 바라보며 말을 걸면 그 부정적인 목소리가 말을 걸 상대가 없어지는 셈이다. 유치하게 여길 수도 있지만 자신을 이름으로 부르는 행위는 특별한 인지적 에너지 소모 없이도 부정적 감정을 조절하고 자신감을 북돋아 주는 데 도움이 될 수 있다.

목표 달성을 위한 동기와 행동을 지속할 수 있는 인내력이 필요할 때, 자신에게 질문하고 스스로를 제3자처럼 대하는 것도 좋은 방법이다.

목표를 공개 선언하면 달성률이 높아진다

스스로에 대한 평가가 행동을 달라지게 만든다

자발적 동기를 높이기 위해 스스로에게 질문하고 자신을 제3자처럼 대한다고 해서 모든 일이 뜻대로 이루어지지는 않는다. 시간이 지날수록 인내력은 저하되고 원대한 포부도 흐지부지되고 만다. 작심삼일이라는 말도 있지 않은가? 이럴 경우 자신의 목표를 다른 사람들에게 공개적으로 선언하면 목표를 끝까지 밀고 나가는 데 도움이 된다. 흔히들 이루고 싶은 목표가 있으면 주위 사람들에게 널리 알리라고 말한다. 그러한 행동이 과연 효과가 있을까?

인간의 사고와 행동은 다른 사람들이 나를 바라보는 시선과 평판에 따라 크게 달라진다. 이는 원시 시대부터 내려온 인간의 본능 때문이기도 하다. 인간은 다른 들짐승과 달리 강력한 육체적 우월성을 지니지 못했다. 빈약한 신체 조건으로 거친 환경에서 살아남으려면 다른 사람들의 도움이 필요했고 사회화를 생존을 위한 무기로 선택했다. 그러다 보니 다른 사람들이 나를 어떻게 바라보느냐가 인간의 삶에 있어 중요한 요소가 됐다. 다른 사람들이 나를 믿을 만하고 정직한 사람이라고 여기면 집단 내에서 같이 어울릴 수 있지만 그렇지 못하면 무리에서 쫓겨나 척박한 환경 속에 홀로 버려져야 했기 때문이다. 그러한 습관들이 이어지다 보니 사람들은 타인의 시선과 비난을 무시하지 못하게 된 것이다. 뇌의 입장에서는 사회적 고립이 심한 육체적 폭력 이상으로 치명적이기 때문이다.

이러한 주위 사람들의 시선은 자신에 대한 평가self-assessment도 변화시킨다. 예를 들어 게임할 때 자신이 선택한 아바타가 주위 사람들로부터 매력적이라고 지지를 받으면 볼품없고 초라한 아바타를 가진 이용자들에 비해 게임이 끝난 후에 실제 상황에서 더 자신 있고 개방적이며 사교적으로 행동했다는 실험 결과도 있다. 반대로 주위 사람들로부터 자신이 선택한 아바타가 그다지 대단하지 못하다는 평가를 받으면 실제로 경기 결과도 좋지 못한 경우가 많았다. 무의식적으로 남들의 기대에 맞춰 자신의 생각을 조절하기 때문이며, 이를 프로테우스 효과Proteus Effect라고 한다.

미국 스탠퍼드 대학교 연구진은 피험자들에게 가상 현실 공간에서

키가 큰 아바타를 선택해서 타인과 상호 작용을 하도록 했다. 그러자 실제 자기 모습과는 무관하게 자신감이 지속됐고 일상생활에서 더욱 적극적으로 행동했다. 자신을 어떻게 생각하느냐에 따라 행동이 달라질 수 있음을 보여준다. 즉 타인의 시선보다 스스로가 자신을 어떻게 바라보느냐가 더 중요하다는 것이다.

목표 달성의 가장 큰 노하우는 목표를 밝히는 것이다

사람들은 주위 사람들을 의식하며 살아간다. 그래서 목표를 공개적으로 선언하면, 중도에 그만두고 싶은 유혹이 생겨도 자신에 대한 평판을 지키기 위해 목표를 고수할 확률이 높다.

채프먼 대학Chapman University의 프라산스 니어Prashanth Nyer와 스테파니 델랜드Stephanie Dellande는 공개적인 약속이 목표 달성에 어떤 영향을 미치는지 알아보기 위한 실험을 진행했다. 이들은 20세부터 45세까지의 여성 211명을 모집해 16주에 걸쳐 체중을 약 7~9킬로그램까지 빼게 하고 시간이 지나도 요요 현상 없이 체중을 일정하게 유지시키는 건강 관리 프로그램에 등록하도록 했다.

연구진은 피험자들을 세 그룹으로 나누어, 첫 번째 그룹은 감량 목표를 장기간 공개하도록 하고 이름과 감량 목표를 적은 카드를 피트니스 센터에 16주 내내 걸어 두었다. 오가는 사람들이 모두 보게 한 것이다. 두 번째 그룹은 목표를 단기간만 공개하도록 했다. 이들 역시 이름과 감량 목표를 적은 카드를 붙여 두었지만 3주 후에는 카드를 떼어 버렸다. 세 번째 그룹은 처음부터 감량 목표를 공개하지 않고 아무런 카드도 붙이지 않았다.

16주 후 연구진은 피험자들의 체중 변화를 조사했는데, 첫 번째 그룹이 효과가 가장 컸다. 이 그룹의 목표 달성률은 평균 102%였다. 다른 사람들보다, 스스로 목표를 세웠던 것보다 훨씬 더 살을 많이 뺀 것이었다. 두 번째 그룹은 평균 96%의 목표를 달성했다. 마지막 그룹은 88%의 목표를 달성하는 데 그쳤다.

개인의 성향도 목표 달성에 영향을 많이 미쳤다. 첫 번째 그룹 중에서도 다른 사람의 시선을 예민하게 받아들이는 사람과 그렇지 않은 사람이 있었는데, 다른 사람의 시선이나 평판을 민감하게 받아들이는 사람은 목표를 105%까지 달성했다. 반면 그렇지 않은 사람은 90%의 목표를 달성하는 데 그쳤다.

자기 계발 전문가들의 말에 따르면 무언가 이루고 싶은 목표가 있을 때 그것을 글로 쓰면 달성할 가능성이 훨씬 높아진다고 한다. 하버드 대학 MBA 과정의 학생들을 대상으로 "자신의 장래 목표를 명확히 글로 써 두고 달성 계획을 수립했는가?"라는 질문을 던지자, 응답자 중 84%는 '목표가 없었다', 13%는 '목표는 있었지만 글로 쓰지 않고 마음속으로만 생각했다'고 답했고 '목표를 글로 써 두고 목표 달성을 위해 노력하고 있었다'고 답한 사람은 3%뿐이었다.

그들이 대학을 졸업하고 10년이 지난 후 어떻게 살고 있는지 다시 한 번 조사했다. 그 결과 글로 쓰지는 않았지만 분명한 목표를 가졌던 13%의 학생들은 목표가 없던 84%의 동기생들보다 평균 2배의 수입을 올렸다. 명확히 글로 작성한 목표가 있었던 3%는 나머지 97%의 수입을 합친 것보다 평균 10배가 더 많은 수입을 올렸다. 1979년 실험인 터라 데이터가 다소 오래되긴 했지만 목표를 가시화하는 것의 중요성을 알려주는 내용이라 할 수 있다.

매일 무언가를 다짐하지만 실천하지 못하는 것은 의지나 실행력이 부족한 탓일 수도 있지만 요령을 알지 못해서일 수도 있다. 번번이 목표 달성에 실패한다고 해서 자신을 형편없는 사람으로 비하하거나 자책하기보다는 의지와 실행력을 높일 수 있는 요령을 찾아 접목해 보는 것도 좋은 시도다.

오르지 못할 나무는 쳐다보지도 말라

보상이 높아질수록 실수는 늘어난다

목표를 달성하려면 동기를 부여해야 하는 건 틀림없는 사실이지만, 목표 달성에 집착한 과도한 동기는 오히려 일을 그르치게 만들 수 있다. 한 연구팀이 금전 보상 실험을 진행했다. 연구진은 참가자들에게 잘 알려진 비디오 게임을 하게 하고 높은 점수를 내면 현금을 제공하기로 약속했다. 현금 보상 금액이 커지면 성공해야 한다는 동기가 커지지만 동시에 실패의 비용도 커진다는 가설을 세우고, 피험자들에게 다양한 수준의 동기를 부여하기 위해 서로 다른 현금 보상을 제시했다.

피험자들이 게임을 하는 동안 연구진은 fMRI로 뇌 활동을 촬영했다. 영상을 분석한 결과 뛰어난 성과를 낼 경우, 가장 많은 금액을 지급받기로 약속된 이들의 뇌 보상 센터에서 가장 높은 수준의 뇌 활동이 이루어졌음을 발견했다. 보상 금액이 높아질수록 그에 비례해 보상에 대한 기대도 높아진 것이다. 그런데 역설적이게도 가장 높은 수준의 보상을 약속받은 참가자들은 실수도 가장 많이 저질렀다. 도대체 가장 많은 보상을 약속받은 참가자들의 뇌에서 어떤 현상이 일어났기에 이처럼 이상한 결과가 나왔을까?

더 많은 현금이라는 유혹을 제시하자 피험자의 보상 센터에는 필요한 것보다 많은 양의 도파민이 흘러들어 갔다. 원하는 것을 성취하려면 도파민이 필요하지만 지나치면 뇌의 보상 센터가 과도한 욕망에 압도당할 수도 있다. 즉, 지나치게 많은 양의 도파민은 무언가를 추구하는 행위를 의식적으로 평가하고 통제하는 능력을 잃게 한다.

통제된 동기가 목표 달성을 쉽게 만든다

무슨 일이든 목표를 달성하려면 동기가 필요하지만 지나치게 강한 동기는 오히려 독이 될 수 있다. 위의 실험 결과에서 지나치게 많은 수준의 보상을 약속받은 참가자들은 그 보상을 놓치지 않기 위해 필요 이상으로 게임에 집착했고 그 결과 잦은 실수를 한 것이다. 이에 대해 과학 저널리스트인 크리스 베르딕Chris Berdik은 "동기를 지닌 사람은 성공하지만 필요 이상의 과도한 동기를 지닌 사람은 실패한다."고 설명한다.

예를 들어 병역을 마치지 않은 선수가 올림픽에 출전하게 됐다고 하자. 올림픽에서 좋은 성적을 내면 국위를 높인 대가로 병역을 면제받을 수 있는 혜택이 주어진다. 3위 안에만 들면 병역 면제를 받을 수 있으므로 뚜렷한 목표가 생긴 셈이다. 하지만 실질적으로 이 선수의 실력이 세계 랭킹 3위 안에 들 수 없고 그보다 훨씬 처지는 실력이라면 오히려 이 과도한 목표가 지나치게 도파민을 많이 분비하게 만들어 실력 발휘를 저해할 수 있다는 것이다.

병역 면제 때문은 아니었지만, 올림픽 수영 경기에서 우리나라 최초로 금메달을 딴 박태환 선수도 과도한 동기로 인해 경기를 망친 적이 있다. 그는 2004년 아테네 올림픽에 중학생 신분으로 처음 출전했다. 한창 기량이 향상되고 있기는 했으나 세계 정상권 선수들과는 아직 실력 차이가 나던 시절이므로 부담 없이 경기를 했으면 좋으련만 그만 과도한 욕심으로 인해 출발 신호가 울리기도 전에 홀로 입수를 해 버렸다. 결국 경기는 치러 보지도 못한 채 실격당하고 말았다. 무언가 보여줘야겠다는 지나친 동기가 도파민 분비를 과도하게 만들고 뇌의 보상 센터가 이에 압도당해 제 실력을 발휘하지 못한 것이다.

해야 할 일이 있을 때 동기가 없어 무기력한 것도 문제이지만 이처럼 동기가 지나친 것도 문제다. 대다수의 과잉 동기를 가진 사람들은 일을 추진하는 과정에 있어 잦은 실수를 하곤 한다. 다행인 것은, 인간은 과도한 도파민 분비로 말미암아 통제하기 힘들어지는 사태가 발생하기 전에 보상 센터를 진정시킬 수 있는 능력을 가졌다는 것이다.

　보상을 추구하는 동기 중 일부는 무의식적으로 발현되므로 의식적인 노력만으로 이를 억누르기는 쉽지 않다. 방법은 의식적으로 기대를 누그러뜨리는 것이다. 예를 들어 세계 랭킹 10위인 선수가 올림픽에서 금메달을 따겠다는 목표를 세우는 것보다는 '5위 안에만 들자'라는 식으로 기대를 조금 낮추는 것이다. 이렇게 의식적으로 기대를 누그러뜨리면 뇌의 보상 센터는 자연스럽게 속도를 늦춰, 도파민이 보상 센터를 압도해 실수하도록 만드는 것을 미연에 방지할 수 있다.

　과유불급이라는 말처럼 지나친 것이 오히려 부족한 것보다 못할 때도 있다. 지나친 동기 부여는 욕심과 실수를 부를 뿐 아니라 스스로를 피곤하고 지치게 만든다. 욕심 부리지 않고 눈높이를 조금 낮추는 것도 인생을 성공적으로 사는 방법 중 하나다.

즐기면 일의 성과가 오를까?

성과를 내기 위해서는 즐거워야 한다?

"피할 수 없으면 즐겨라."라는 말이 있다. 하기 싫은 일일지라도 놀이처럼 하면 성과를 낼 수 있다고도 말한다. 네덜란드 태생의 철학자 요한 하위징아Johan Huizinga는 '호모 루덴스Homo Ludens', 즉 '유희하는 인간'을 이야기하며 '놀이 정신이 없을 때 문명은 존재할 수 없다'고 할 정도로 사회문화적 측면뿐만 아니라 역사적 측면에서 '놀이'의 중요성을 강조했다. 물론 그의 말이 틀린 것은 아니지만 그렇다고 해서 무슨 일이든 즐겁게 하면 높은 성과를 얻을 수 있을까?

프로 야구를 예로 들자. 내가 응원하는 L팀은 1990년대 이후 단 한 번도 우승한 적이 없다. 그런데 그 팀의 선수들이 주로 하는 말이 "즐기면서 하자."이다. 즐겁게 야구를 하다 보면 언젠가는 우승할 수도 있다는 의미로 받아들인다. 하지만 충분히 즐기지 못한 것인지 2020년 시즌까지도 우승 소식은 요원하기만 하다. 이미 높은 연봉을 받고 있고 더 이상 잘할 수 없는 수준에 와 있거나, 아무리 노력해도 기량의 발전이 더뎌서 주전으로 나가기 힘든 선수라면 잘나가는 선수들에 비해 상대적으로 성취 의욕이 낮을 수밖에 없다. 이런 사람들은 경기를 하나의 놀이처럼 여길 수 있다.

반면 어떤 선수들은 성취 의욕이 무척 강할 것이다. 홈런왕이나 타격왕, 최다승 투수가 되거나 해당 시즌에 우수한 성적을 거둬 이듬해에 높은 연봉을 받으며 재계약하고 싶은 선수가 있을 것이다. 그들은 한 경기 한 경기가 성과를 높이는 수단이 되므로 시합을 놀이처럼 대하지 않을 테다. 모든 사람에게 '놀이'가 성과를 높이기 위한 동기 부여 수단은 아니라는 말이다. 성취동기가 높은 사람과 그렇지 않은 사람은 놀이를 다르게 받아들인다.

플로리다 대학교의 윌리엄 하트William Hart 교수는 실험을 통해 성취에 영향을 미치는 동기가 무엇인지 밝혀냈다. 연구진은 모니터를 통해 피험자들에게 몇 개의 단어를 보여주고 이를 기억하도록 했다. 연구진이 보여준 단어들은 '승리', '우수', '경쟁' 등 성취동기와 관련 높은 단어였다. 이 단어들은 의식적으로 생각하기에는 너무 짧을 정도로 순식간에 나타났다 사라졌다. 하지만 테스트 결과 성취동기가 낮은 피험자들에 비해 성취동기가 높은 피험자들이 더 많은 단어를 생각해 냈다.

다른 연구에서 연구진은 피험자들에게 뒤죽박죽된 철자로 제대로 된 단어를 만드는 낱말 퍼즐을 시켰다. 피험자들이 한참 퍼즐을 풀 때 연구진이 끼어들어 계속할 것인지 아니면 다른 놀이로 바꿀지 선택하게 했다. 그러자 성취동기가 낮은 사람들은 다른 놀이를 하길 원했지만 성취동기가 높은 사람들은 퍼즐을 계속하고 싶어 했다.

마지막으로 연구진은 피험자들에게 두 가지 실험을 동시에 실시했다. 성취동기와 관련 높은 단어들을 보여주면서 낱말 퍼즐을 맞추게 한 것이다. 이때 연구진이 피험자들에게 "이 테스트는 언어 능력을 평가하는 것이 아니라 단순히 재미로 하는 게임"이라고 설명했다. 그러자 놀랍게도 성취동기가 높은 사람들의 성적이 성취동기가 낮은 사람들보다 훨씬 낮게 나왔다.

즐겁게 일한다고 성과가 높은 것은 아니다

성취동기가 높은 사람은 이미 우수한 성적을 낼 준비가 돼 있다. 따라서 그저 재미로 일을 한다면 잘하고 싶은 의욕이 별로 일어나지 않을지 모른다. 그들은 '즐겁고 재미있는 놀이가 어떻게 성과가 될 수 있을까?'라고 여길지도 모르며, 선조체 등 보상 중추가 활성화되는 대신 스트레스 축이 반응할 가능성이 크다. 반면에 성취동기가 낮은 사람들은 하기 싫은 일이지만 재미 요소를 따라가다 보면 의외로 좋은 결과를 얻을 수 있다. 보상 중추가 활성화되고 도파민이 분비돼 즐거운 기분도 느낀다.

지금은 대학을 졸업한 우리 큰아이가 어려서 다니던 태권도 학원은 확실하게 무술 실력을 높여 줄 만한 곳이었다. 대개의 태권도 학원들이 놀이 체육 중심으로 지루하지 않게 수업하지만, 이곳은 태권도 수업이 주이고 놀이 체육은 부수적이었다. 큰아이는 그러한 수업 방식을 무척 좋아했다. 태권도 학원을 다녀오고 나면 땀에 흠뻑 젖어 있으면서도 꽤 만족스러워 했다. 그러다가 원장이 바뀌자 무술 수업은 뒤로 밀려나고 놀이 체육이 중심이 됐다. 큰아이는 이때부터 태권도에 흥미를 잃기 시작했다.

놀이처럼 즐겁게 일하며 성취감을 느끼는 사람도 있지만 일이 만들어 내는 성과를 보며 성취감을 느끼는 사람도 있다. 일을 놀이처럼 대한다고 해서 누구나 성취동기가 높아지는 것은 아니다. 학창 시절을 떠올려 보자. 수업 시간에 선생님이 잠시 농담을 하면 공부 잘하는 친구들은 무척 싫어했다. 그 시간에 조금이라도 더 중요한 내용을 배우고 싶었기 때문이다. 반면에 공부 못했던 친구들은 너무 즐거웠다. 이러나저러나 수업 시간은 지나가므로 말이다.

조직을 이끄는 사람이나, 학생들을 가르치는 교사들은 이 점을 놓쳐서는 안 된다. 즐겁게 놀이처럼 하는 것만이 능사는 아니며, 성취동기가 높은 사람은 그에 합당한 방식으로 대해야 한다.

왜 사과나무 아래였을까?

뇌는 휴식을 취할 때도 쉬지 않는다

현대 사회는 마치 소설 《거울 나라의 앨리스》에 나오는 세계처럼 모든 것들이 정신없이 돌아간다. 이런 사회에서 뒤처지지 않으려면 '레드 퀸Red Queen'처럼 정신없이 뛰어야만 한다. 하지만 살다 보면 가끔은 쉬고 싶을 때도 있다. '불멍'이라는 말처럼 타오르는 불길을 보면서 멍하니 앉아 있다 보면 마음이 편해지기도 한다. 하지만 일터에서 아무 일도 안하고 멍하니 앉아 있으면 "일 안하고 뭐 해?"하는 잔소리가 날아온다. 왜 이렇게 정신없이 살아야 할까? 바쁘게 살아야 좋다는 말도 있지만 정신없이 사는 게 정말 좋은 걸까?

꼭 그렇지는 않다. 우리 뇌는 정신없이 일만 하도록 설계돼 있지 않기 때문이다. 1990년대 중반 마커스 라이클_{Marcus Raichle} 교수는 세인트 루이스 워싱턴 대학교 동료들과 함께 간단한 실험을 했다. 피험자들이 양전자 방출 단층 촬영 장치 안에 누워 모니터를 바라보며 이리저리 떠다니는 점 하나에 시선을 맞추는 것이었다. 별로 흥미롭지도 않고 관심을 끌 만한 실험도 아니었다. 처음에 피험자는 그냥 누운 채 휴식을 취하다가 모니터에 점이 하나 나타나 이리저리 돌아다니면 눈으로 그 점을 좇았다. 점이 사라지면 다시 휴식을 취하고 점이 나타나면 다시 점에 시선을 맞추기를 반복했다. 간단한 주의력과 집중력 테스트일 뿐 별다른 의미 없는 실험이었다.

라이클 교수는 피험자들의 뇌를 찍은 사진을 통해 시선이 점을 좇는 동안 전두엽과 전두 안구 영역이 부지런히 활성화되는 것을 발견했고 이는 기대했던 결과였다. 그런데 모니터 화면에 점이 나타나지 않고 계속 텅 빈 상태로 있을 때에도 피험자의 뇌는 좀처럼 활동을 멈추지 않았다. 즉 아무것도 하지 않고 단지 휴식을 취할 때에도 뇌가 활발히 움직인 것이다. 전두 안구 영역에서의 활동은 잠잠해졌지만 그 외 다른 영역에서는 활동이 오히려 늘었는데 그 부위는 아래와 같다.

• 후측 대상회 : 기억과 감정을 서로 연결, 결합시키는 일에 관여

• 후측 두정엽 : 여러 개의 시각 인상을 하나의 커다란 전체로 결합

• 해마 : 시각 기억이 견고하게 합쳐지는 핵심 영역

· 내측 전전두피질 : 가능성과 개연성을 판단, 결정하는 역할을 수행

실험치고는 참으로 단조롭고 재미없지만 이날 라이클이 발견한 것은 뇌과학 연구에 큰 획을 그었다. 라이클이 발견한 부위를 신경과학자들은 디폴트 모드 네트워크 DMNDefault Mode Network이라고 부르게 됐다. 즉 인간이 아무것도 하지 않거나 멍하게 있을 때, 마치 정신 나간 것처럼 얼빠진 표정을 하고 있을 때 등 가장 기본적인 상태에서 작동하는 두뇌 부위를 가리킨다. 이 부위들은 무언가 과제에 집중할 때 가동되는 뇌 부위와는 다르다. 무언가에 집중할 때 활성화되는 뇌 부위는 주의 모드attention mode라고 부른다. DMN이란 주의 모드와는 다른 부위라는 것을 나타낸다.

DMN은 상당히 많은 에너지를 소모한다. 사람이 무엇인가 해결해야 할 일에 주의를 기울여 인지 활동을 강화하면 주의 모드가 활성화되면서 에너지를 소비하는데, 이때 사용하는 에너지는 DMN을 가동할 때보다 오히려 적다. 산소와 혈당을 운반하는 피가 더 많이 DMN으로 몰리고 더 많은 포도당과 대사 물질을 소모한다. 쉬는 동안에도 뇌는 열심히 무언가를 한다는 얘기다.

휴식이 없으면 뇌는 결과를 만들지 못한다

일반적으로는 무언가 열심히 과제에 집중할 때 뇌의 다양한 부위들

이 활발하게 움직이고 휴식을 취할 때는 뇌도 같이 휴식을 취할 것이라 여긴다. 그런데 왜 뇌는 휴식을 취하는 순간에도 그토록 활발하게 움직일까? 그 순간에 뇌는 도대체 무엇을 할까? 먼저 DMN일 때 뇌는 주어진 과제를 해결하는 방법을 찾기 위해 고민한다. 이들 뇌 영역은 과제를 풀기 위해 우선 기억과 감각 인상을 끌어들여 부지런히 연결하고 연관시킨다. 이때 미리 판단을 하고, 이 판단이 미래에 어떤 영향을 끼치고 문제 해결에 어떤 의미가 있을지 검증 과정을 거친다.

좀 더 쉽게 말하면, DMN 상태일 때 뇌는 그동안 외부 환경을 통해 받아들인 정보를 활발하게 흘려보내며 불필요한 정보를 삭제하고 정보를 서로 결합하는 활동을 한다. 렘수면 상태에서 일어나는 두뇌 활동과 유사한 일들이 두뇌가 휴식하는 동안 벌어지는 것이다. 공부나 일로부터 동떨어진 상태에서 한가롭게 지내거나 긍정적인 사고를 하며 행동할 때 DMN은 이러한 활동을 통해 통찰력 있는 해법을 찾고 창의적 사고를 떠올린다. 이러한 과정이 있기에 일에서 잠시 멀어져 휴식을 취한 후 돌아와도 집중력을 발휘할 수 있는 것이다. 마치 컴퓨터를 사용하지 않고 잠시 방치해 둬도 OS가 작동을 멈추지 않고 하드디스크의 조각 모음 등의 일을 하는 것과 마찬가지다.

미국 매사추세츠 공대MIT의 데이비드 포스터David Foster 박사팀은 2006년 2월《네이처》에 기고한 글에서 생쥐가 쉬고 있을 때 뇌에서 그동안 학습한 내용을 정리한다는 사실을 발표했다. 이들은 생쥐들이

1.5미터 길이의 미로를 통과하는 훈련을 하는 도중, 휴식을 취하며 먹이를 먹을 때의 뇌를 촬영했다. 이 연구를 통해 휴식 중인 생쥐의 뇌에서 신경세포들이 미로 학습을 하는 동안 반응했던 순서와 반대로 활동한다는 것을 알아냈다. 마치 비디오테이프를 되감는 것처럼 활동하면서 학습 능력을 강화하는 것이다. 이렇게 보면 주어진 과제를 잘 하기 위해서는 DMN이 반드시 필요하다.

DMN의 역할에 대해 또 다른 이론이 있다. 이른바 '사회적 뇌' 가설인데 DMN 상대일 때 뇌는 자신과 타인의 관계 혹은 자신이나 타인에 대한 생각에 빠진다는 것이다. 만약 여자 친구와 열애중인 남자가 직장에서 일하다가 휴식을 취할 때면 어김없이 여자 친구 생각을 떠올릴 것이 분명하다. 누군가와 트러블이 있는 사람은 쉬는 시간이면 그 생각을 떠올릴 수밖에 없다. 즉 특정 과제를 수행하지 않을 때 활성화되는 뇌의 기본 신경망은 자신과 타인을 생각하는 능력, 즉 사회 인지와 관련된 활동을 한다.

많은 학자의 연구에 따르면 DMN과 사회 인지 신경망은 사실상 중첩된다고 한다. 이 기본 신경망은 우리가 타인의 마음에 대해, 즉 타인의 생각과 느낌과 목표 등에 대해 생각하도록 이끈다. 뇌가 이렇게 여가 시간의 상당 부분을 사회 인지에 할애하는 것은, 인간의 전반적인 성공을 위해 사회적 지능을 발전시키고 사용하는 것이 매우 긴요하다는 진화적 선택과 결단에 따른 결과다.

우리가 일상적으로 나누는 대화 내용의 70%는 사회적 성격을 띤다고 한다. 즉 일이나 과제와 관련된 것이 아니라 사람이나 사람과의 관계에 관한 것이라는 얘기다. 우리가 다른 사람 또는 그들과 연결된 우리 자신에 대해 생각하는 시간이 깨어 있는 시간의 20%라고만 해도, 우리 뇌의 기본 신경망은 하루에 최소 3시간 이상을 이런 일에 관여하는 셈이다.

지금껏 살펴보았듯이 DMN은 주어진 과제를 창의적으로 수행하는 데 있어, 그리고 사회적 관계를 높여 나가는 데 있어 필수적이다. 사람들이 하루에 적게는 30%에서 많게는 50%까지의 시간을 넋 놓고 지내거나 멍한 상태로 지내는 이유도 이 때문인지 모른다. 결국 누군가가 멍한 상태로 있다면 정신 줄을 놓고 있는 것이 아니라 일이나 인간관계를 더욱 효율적으로 풀어 나가기 위한 뇌의 요구 사항을 수용하고 있는 것이라 생각해야 한다. 그리고 오히려 멍한 상태로 있는 것을 즐기고 장려할 필요가 있다. 무턱대고 일만 한다고 해서 반드시 일을 잘하는 것은 아니다. 때로는 잘 쉬는 것이 열심히 일하는 것만큼이나 중요하다.

스트레스의 스위트 스폿을 찾아라

스트레스는 신경세포의 에너지를 빼앗는다

나를 비롯해 현대인들의 삶은 공기 반, 스트레스 반이다. 우리가 공기를 인식하지 못하고 살듯 스트레스도 크게 인식하지 못하지만 우리의 삶은 스트레스로부터 자유로울 수 없다. 사회가 점점 빠르게 변하고 경쟁이 치열해지면서 스트레스는 점점 많아지고 커지고 있다. 시간이 갈수록 정신적 이상을 호소하는 사람들도 많아지는 추세다.

스트레스란 말을 일상 용어처럼 쓰지만 우리는 스트레스가 어떤 영향을 미치는지는 잘 모른다. 독일에 있는 뤼베크_{luebeck} 대학의 연구진이 참가자들을 대상으로 트리어 사회 스트레스 검사_{Trier social stress test}를 실시했다. 18세에서 33세 사이의 건강한 남성 참가자들의 혈액을 채

취한 후 평가관들이 앉아 있는 방에 들어가도록 했다. 방 안에는 탁자만 하나 덜렁 놓여 있고 흰색 가운을 걸친 여성 평가관과 남성 평가관이 앉아 있었다. 참가자들은 서 있어야만 했다. 참가자들 앞에는 카메라와 마이크가 설치돼 있어 '시험' 상황이라는 것을 알아차리도록 했다. 방에 들어선 참가자들은 약 3분간 자기소개를 한 후 자신의 장점을 이야기했다. 참가자들의 목적은 평가관들의 믿음을 얻는 것이지만, 그들은 오히려 노골적으로 불만을 드러내거나 차가운 눈빛을 보내며 무언가를 계속 적어 내려갔다.

그 다음에는 수학 문제가 주어졌다. 총 17단계에 걸친 계산을 해야 했는데 오류를 범할 때마다 피험자들은 평가관들로부터 차가운 경멸을 당하고 처음으로 돌아가 다시 계산해야만 했다. 이렇게 힘든 상황을 10분간 견디게 한 후 연구진은 피험자들의 스트레스 수준을 측정해 그 결과를 테스트 전에 채취한 혈액과 비교했다. 피험자들은 단지 하나의 실험에 참여했을 뿐이며 시험은 전혀 의미가 없다는 사실을 잘 알고 있었다. 그럼에도 테스트가 끝나자 피험자들의 아드레날린과 코르티솔 수치는 현격하게 높아졌다. 심장 박동 수가 증가하고 불안이나 떨림, 땀 흘림 등의 스트레스 증상이 동반됐다. 불과 10분임에도 불구하고 말이다. 더욱 놀라운 것은 신경저혈당증neuroglycopenia 증상이 함께 나타난 것이었다. 신경저혈당증이란 신경세포에 주요 에너지원인 당이 부족해지는 증상이다.

여기에서 트리어 사회 스트레스 검사에 대해 간략하게 설명하자면, 독일의 트리어Trier 대학에서 1993년에 개발한 스트레스 유발 시험의 하나로 가장 널리 활용되며 가장 신뢰할 만한 심리학 실험 계획안이다. 실험 진행자들은 피험자들이 가능한 한 불편하게 느끼도록 평가관을 훈련시키는데, 피험자가 얼마나 잘해 내든 상관없이 실수를 저지르고 있다고 생각하도록 만들어 스트레스를 준다. 평가자들은 전문가가 아니라 피험자들의 스트레스를 유발하기 위해 채용된 사람들에 불과할 뿐이다. 그들은 아래와 같은 지시를 받고 피험자들을 심리적으로 불편하게 만든다.

- 감정을 드러내지 말고 빤히 볼 것
- 고개 가로젓기, 눈살 찌푸리기, 한숨 쉬기, 눈 돌리기, 팔짱 끼기, 가볍게 발 구르기 등 부정적인 의사 표현을 할 것
- 뭔가를 종이에 적는 척할 것
- 웃거나 고개를 끄덕이는 등 참가자를 독려하는 어떤 행동도 하지 말 것

만성 스트레스는 두뇌 기능을 위협한다

뤼베크 대학의 실험 결과는 스트레스의 유해성을 잘 보여준다. 스트레스를 받으면 단순히 아드레날린이나 코르티솔 같은 호르몬이 분비되고 스트레스 증상만 나타나는 것이 아니다. 실험에서 나타났듯이

우리 몸의 신경세포에 당이 부족한 증상도 동반된다. 사람들 앞에서 몇 분간 연설하는 것은 일반적 공포 중 하나이므로 대부분의 사람들은 그런 상황을 불편해 한다. 이어지는 계산 문제에서 뇌는 올바른 답을 찾기 위해 생각을 집중하는 동안 더 많은 에너지의 양을 필요로 한다. 더욱 많은 포도당이 필요한 것이다.

하지만 피험자가 문제를 풀기 위해 고민하는 동안 평가자들로부터 면박을 당하면 뇌의 스트레스 수준은 높아진다. 스트레스 축이 활성화되면 부신피질에서 아드레날린과 코르티솔이 분비되면서 더 많은 에너지를 확보하기 위해 교감 신경을 통해 인슐린을 분비하지 못하도록 한다. 인슐린은 평소 근육이나 지방 조직이 포도당을 흡수해 체내에 저장하도록 돕는 역할을 한다. 하지만 더욱 많은 에너지가 두뇌에 필요한 상황에서는 포도당이 근육이나 지방으로 흡수되는 대신 두뇌로 가도록 해야 한다. 결국 뇌에는 더 많은 포도당이 흘러들어 간다.

하지만 스트레스 상황이 끝나지 않고 계속 이어지면 아드레날린과 코르티솔 분비는 점차 늘어나고 인슐린 분비를 중지하라는 교감 신경계의 명령 강도가 높아진다. 그럼에도 불구하고 뇌는 더욱 많은 포도당이 필요하다고 여기고 에너지를 절약하기 위해 몇몇 기능을 꺼 버린다. 생각이 퍼뜩 떠오르지 않고 집중력이 떨어지거나, 어지럽고 힘이 빠지며 눈앞이 뿌옇게 흐려지는 등의 신경저혈당 증세가 나타나는 것이다. 결국 심리적인 스트레스가 뇌의 에너지 고갈을 유발하는 것이다.

뤼베크 대학 교수들의 조사에 따르면 시험이 끝난 후 참가자들이 뷔페에서 평균 34그램의 탄수화물을 섭취했다고 한다. 이는 하루에 두뇌에서 필요로 하는 에너지 200그램의 무려 6분의 1 수준에 해당한다. 단지 10분 동안의 테스트일 뿐이었음에도 엄청난 에너지를 소모한 셈이다. 스트레스를 받으면 참기 어려울 정도로 허기가 지고 폭식을 하는 이유나 극심한 피로가 밀려오는 것도 바로 이 때문이다.

스트레스는 필요하다. 적당한 수준으로 주어지면 동기를 부여하고 무언가를 추진할 수 있는 긍정적 자극이 된다. 그러나 적절한 수준인 스위트 스폿sweet spot을 지나치면 두뇌에서의 에너지 고갈을 가져올 수밖에 없다. 특히나 만성적인 스트레스는 두뇌 기능을 위협한다는 측면에서 더욱 위험하다.

육체적으로도 스트레스는 많은 문제를 야기한다. 뇌는 인슐린이 분비되지 못하도록 하고 몸으로 흡수돼야 할 포도당을 모조리 쓸어간다. 만일 혈류 내에 포도당이 부족하면 근육이나 지방, 간 등에 저장된 에너지를 동원한다. 그마저도 바닥이 나면 뇌는 외부로부터 영양을 공급하라는 신호를 보낸다. 먹을 것을 찾거나 군것질을 하도록 만드는 것이다. 결국 장기간 이어지면 비만이나 고혈압, 당뇨 등의 증상에 시달리게 된다.

현대인들은 스트레스를 마치 신체의 일부분처럼 안고 살아야 한다. 누구도 스트레스로부터 자유로울 수 없다. 하지만 그렇다고 해서 어쩔 수 없는 일이라며 스트레스를 방치해서도 안 된다. 몸도 마음도 건강하게 유지하고 싶다면 적극적으로 스트레스를 관리하지 않으면 안 된다. 가장 좋은 방법은 더 말할 것도 없이 운동이다.

급할수록 돌아가라

멀티태스킹은 주의를 분산시키고 효율을 떨어뜨린다

전화기를 붙잡고 누군가와 대화하면서 보고서를 쓰다가 메일을 보내기도 하고…. 누구나 한두 번쯤은 그런 경험이 있지 않은가? 이렇게 한 번에 여러 가지 일을 동시에 수행하는 것을 멀티태스킹이라고 한다. 이는 일을 빠르고 생산적으로 처리할 수 있는 강력한 수단으로 여겨지곤 한다. 그래서 경영 환경이 급격히 변화하는 요즘 같은 시대에는 멀티태스킹에 능한 사람일수록 유능한 사람으로 인정받는 경향이 있다. 마치 두세 사람이 할 일을 혼자 하는 듯이 보이니 말이다. 하지만 아쉽게도 멀티태스킹은 인간의 두뇌 특성을 거스르는 대표적인 행동 중 하나다. 인간의 두뇌에서 가장 중요한 부분인 전두엽의 기능을 제대로 활용할 수 없게 만들기 때문이다.

전두엽 중에서도 가장 앞쪽에 있는 전전두엽은 두뇌 활동에 있어 핵심적인 역할을 담당한다. 전전두엽이 뇌에서 차지하는 용량은 전체 두뇌 부피의 4~5%에 불과한데, 부피가 작은 만큼 의식적인 사고 활동에 동원할 신경세포의 숫자도 부족하다. 한 번에 처리할 수 있는 과제가 많지 않다는 뜻이다. 반면에 전전두엽에서 일어나는 사고 활동은 높은 에너지를 소모하며 한 번에 여러 가지 일을 수행하면 에너지 소모는 더욱 급격해진다. 에너지 소모가 빨라지면 전전두엽의 기능은 시간이 갈수록 현저하게 저하되고 만다.

사람들은 멀티태스킹을 하는 동안에도 의식이 흐트러지지 않고 여러 가지 과제에 고르게 집중할 수 있을 것이라고 여긴다. 하지만 카네기 멜론 대학의 교수들이 연구한 내용에 따르면 그렇지 않다. 멀티태스킹을 할 때, 실제로는 한 가지 과제를 깊이 있게 파고들지 못하고 과제와 과제 사이를 쉽사리 떠돌아다닌다.

예를 들어, 운전 중인 피험자들에게 참인지 거짓인지를 맞히는 인지 문제를 내고 그때 뇌에 나타나는 반응을 fMRI 장비로 촬영하니 운전만 할 때에 비해 공간 처리와 관련된 두정엽의 움직임이 37%나 감소했다. 반면 음성을 들을 수 있는 측두엽의 기능은 활성화됐다. 다양한 과제를 동시에 수행할 경우 뇌의 기능이 분산되고 한 가지 일에 집중하기 어려움을 알 수 있다.

멀티태스킹은 업무 속도를 늦춘다

멀티태스킹의 목적 중 하나는 빠른 업무 처리이지만 실제로는 하나의 업무에서 다른 업무로 전환하는 주의 전환에 어려움을 겪기 때문에 한 가지 일만 하는 것보다 업무 속도가 늦어진다. 이를 확인하기 위해 간단한 실험을 해 보자. 빈 종이에 아라비아 숫자를 1부터 10까지, 로마 숫자를 Ⅰ부터 Ⅹ까지, 그리고 알파벳을 A부터 J까지 적어 보라. 아라비아 숫자, 로마 숫자, 그리고 알파벳을 순서대로 적고 시간을 기록한다. 일반적으로는 20초 안팎의 시간이 걸린다.

$$1\ 2\ 3\ 4\ 5\ 6\ 7\ 8\ 9\ 10$$
$$I\ \ II\ \ III\ \ IV\ \ V\ \ VI\ \ VII\ \ VIII\ \ IX\ \ X$$
$$A\ \ B\ \ C\ \ D\ \ E\ \ F\ \ G\ \ H\ \ I\ \ J$$

이번에는 1-Ⅰ-A, 2-Ⅱ-B, 3-Ⅲ-C의 순서가 되도록 열 방향으로 모두 적고 걸린 시간을 기록한다. 행이 아닌 열 방향으로 적는 것인데 위의 그림처럼 적힌 것을 보고 적는 게 아니라 머릿속으로 떠올려 적는 것이 중요하다. 어떤가? 열 방향으로 적는 것이 행 방향으로 적는 것에 비해 훨씬 시간이 많이 걸리지 않는가? 사람에 따라서는 2배 정도까지 시간의 차이가 생길 수 있는데 일반적으로 30초 이상 심지어는 40초까지 걸리는 경우도 많다. 아라비아 숫자에서 로마 숫자, 그리고 알파벳으로 바뀔 때마다 '뭘 쓸 차례지?' 하면서 뇌는 주의 전환에 어려움을 겪고 그만큼 시간이 지체될 수밖에 없다.

캘리포니아 대학의 애덤 개절레이Adam Gazzaley 교수에 따르면 하나의 일에서 다른 일로 전환하는 데는 전전두엽에서 관장하는 작업 기억이 필요하며 이때 에너지가 소모된다고 한다. 한 번에 다루는 과제가 많을수록 과제 수행과 주의 전환에 요구되는 작업 기억으로 인해 에너지 소모가 늘어나는데 전전두엽에서 소비할 수 있는 에너지는 한정돼 있으므로 과제 간의 주의 전환이 어려워지는 것이다.

아울러 제럴드 와인버그Gerald Weinberg가 조사한 결과를 보면 여러 과제를 동시에 수행할 경우 내용과 맥락을 파악하는 데 소요되는 시간이 늘면서 각 과제에 투입되는 시간이 급격히 부족해진다는 것을 알 수 있다. 결국 과제를 완료하는 시간이 지연될 수밖에 없다.

동시에 수행되는 프로젝트 수	프로젝트별로 할당되는 시간 비율	과제 전환으로 인해 소모되는 시간 비율
1	100%	0%
2	40%	20%
3	20%	40%
4	10%	60%
5	5%	75%

만일 동시에 진행되는 프로젝트의 개수가 3개라면 한 과제에서 다른 과제로 전환하는데 20%의 시간이 소요되므로 전체 시간 중 40%가 과제 전환에 소모되고, 나머지 60%의 시간을 3개의 과제에 나누어 쓸 수 있으므로 각 과제별로 할애하는 시간은 20%에 불과하다.

급할수록 여러 가지 과제를 동시에 수행하려고 하지만 이것이 오히려 업무 속도를 늦춘다는 것을 잊어서는 안 된다. 멀티태스킹으로 성과를 높인다는 것은 환상에 불과하다. 급할수록 한 가지 일에 몰입하는 것이 과제를 빨리 완료하고 성과도 높이는 최선의 방법이다.

기억은 흔들리는 갈대와 같다

기억은 빡빡한 틀 안에 집어넣은 연두부와 같다

우리는 살면서 기억 때문에 수많은 일을 겪는다. 무언가 중요하게 해야 할 일을 깜빡 잊는 바람에 손해를 입기도 하고, 가까운 사람 간에 서로 다른 기억으로 인해 말다툼을 벌이기도 한다. 직장에서도 친구 사이에서도 기억으로 인한 오해는 숱하게 일어난다. 우리 주변을 둘러보면 자신의 기억력을 절대적으로 믿는 사람들이 많다. "내가 기억력이 얼마나 좋은지 알아?" 하면서 자신의 기억이 틀림없음을 강조하고 자기 말에서 한 발도 물러나려 하지 않는다. 하지만 그러한 사람들조차 옳지 않은 기억, 사실과 다른 기억을 가지고 있는 경우가 많다.

사람의 기억에 관해서는 수많은 연구가 이루어지고 있으며, 뇌과학을 다루는 책이라면 한 번쯤은 꼭 다루고 넘어갈 정도로 기억은 인간의 두뇌 활동에서 중요한 비중을 차지한다. 모든 인간의 사고와 판단, 의사 결정, 미래에 대한 예측과 계획 수립 등이 모두 기억에 바탕을 두기 때문이다. 그래서 기억력이 좋지 못한 사람을 일컬어 '붕어'라고 놀리기도 한다. 붕어가 하는 일이라고는 헤엄치고, 숨쉬고, 먹는 것 외에는 없기 때문이다.

우선 기억이 만들어지는 과정부터 살펴보면 다음과 같다. 감각 기관을 거쳐 외부로부터 수집한 모든 정보들은 시상을 거쳐 중요한 것들만 전두엽으로 보내진다. 전두엽은 이러한 정보를 작업 기억에서 처리한 후에 해마로 보내 저장하도록 한다. 또 수집한 정보들을 중요도에 따라 등급을 매기고, 그것들을 어떻게 처리해야 할지 해마에 지침을 내린다. 해마는 정보를 선별해서 기억할 능력이 없으므로 전두엽이 보내는 모든 정보를 암호화하는 과정을 거친다. 암호화하지 않으면 기억에 남지 않고 사라져 버리기 때문이다.

해마는 정서를 담당하는 변연계와 더불어 대뇌 피질 곳곳에서 감각 정보를 수집한다. 충분히 정보를 수집하면 해마는 이를 토대로 나중에 재구성이 가능한 형태로 기억의 단편들을 만들어 낸다. 모든 정보를 다 기억할 수 없으므로 핵심적인 내용만 조각내어 암호화하는 것이다. 해마에서 분류된 정보는 장기 기억으로 저장되는데 시각 정보는 시각 피질에, 청각 정보는 청각 피질에, 촉각 정보는 체감각 피질에, 그리고 감정은 편도체에 저장된다. 컴퓨터의 하드 디스크처럼 한곳에 창고 형태로 보관하는 것이 아니라 대뇌 피질 전체에 분산해 저장하는 것이다.

그런데 인간의 뇌는 자신의 지식과 주변 환경에 맞춰 기억을 구성하고 다시 구성하기를 반복하며 성공 확률이 높은 시나리오를 완성해 간다. 입력하는 과정에서 핵심 정보에 대략적인 정보를 바탕으로 기억을 구축하고 출력 과정과 재입력, 재출력 과정을 반복하며 기억은 쉽게 변형될 수 있다. 때로는 주위의 영향을 받아 잘못된 정보를 기억하고 기억을 새롭게 할 때마다 내용이 달라질 수도 있는데, 기억이 재구축rebuilding된다는 말을 쓰는 이유도 바로 이 때문이다.

쉽게 표현하면 기억은 빡빡한 틀에 집어넣은 연두부 같다고 할 수 있다. 빡빡해서 쉽게 꺼낼 수 없는 연두부를 틀에서 빼내려면 어떻게 해야 할까? 틀을 뒤집어엎으면 되지만 만약 그렇게 할 수 없다면? 숟가락이나 칼 등의 도구로 조심스럽게 두부를 꺼내야 한다. 하지만 단단하지 않은 두부를 모양의 변형 없이 꺼내기란 불가능하다. 그래서 꺼냈다 담기를 몇 번만 반복하면 두부의 모양은 처음과는 상당히 달라지고 마는데, 기억의 속성도 이와 같다.

인간의 기억은 쉽사리 변형되고 왜곡된다

기억은 가장 중요한 부분만으로 이루어진 골격 형태로 저장된다.

상당수의 기억들은 저장하고 인출하는 과정을 무수히 반복한 후에야 장기 기억에 영구적으로 자리를 잡는다. 이 과정에서 기억은 완전히 다른 모습이 되기도 한다. 사실과 다른 내용을 기억하는 것이다. 기억을 형성하던 신경세포의 연결 강도가 달라지거나, 새로 받아들인 감각 정보나 주변 환경 또는 지식과 기대가 결합해 최초의 기억과 다른 변화를 만들기도 한다.

또한 사람의 기억은 그것을 떠올릴 때 묘사하는 단어의 선택에 따라 달라질 수 있다. 인지심리학자인 엘리자베스 로프터스Elizabeth Loftus 박사는 상황을 묘사하는 단어가 기억에 미치는 영향에 관한 실험을 했다. 우선 피험자들을 두 개의 그룹으로 나누고 두 그룹 모두에게 자동차 사고에 관한 동일한 영상을 보여주었다. 한 그룹에는 영상의 내용을 설명하면서 자동차가 "박살났다"는 과격한 표현을 사용하고, 다른 한 그룹에는 자동차가 "충돌했다"는 온건한 표현을 사용했다.

그런 다음 피험자들에게 영상에서 자동차의 창문이 깨진 것을 보았느냐는 질문을 던졌다. 이 질문은 박사가 피험자들의 기억을 테스트하기 위해 만들어 낸 것일 뿐, 실제 사고 영상에서 깨진 유리가 등장하는 장면은 없다. 그럼에도 불구하고 "박살났다"라는 표현을 들은 첫 번째 그룹의 사람들은 "충돌했다"는 설명을 들은 두 번째 그룹 사람들에 비해 더 많은 수가 깨진 유리를 똑똑히 봤다고 대답했다. 이 실험을 통해 로프터스 박사는 자신이 직접 본 것에 대한 기억조차 외부 자극에 따라 달라질 수 있다는 결론을 내렸다.

이 실험에서 '박살났다'나 '충돌했다' 등의 묘사는 주변 환경을 나타낸다. 그러다 보면 최종적으로 완성된 기억은 처음 저장할 때의 골격에 그럴 듯한 추측과 가정을 덧입힌 상태일 가능성이 크다. 진실과는 거리가 멀다는 얘기다. 이렇게 기억을 가공하는 과정에서 무수한 오류가 발생할 가능성이 있는데, 실제의 경험이 왜곡되거나 개조돼 다르게 회상되는 것을 오기억false memory이라고 한다.

기억은 편향성도 가지고 있다. 자신이 한 말에 대해서는 잘 기억하지만 다른 사람이 하는 말은 잘 기억하지 못하는 경향이 이다. 이미 자신이 옳다고 여기는 것을 머리에서 한 번 생각하고 말로 하면서 귀로 듣고 있으니 수도 없이 반복하는 셈이다. 반면에 다른 사람이 하는 얘기는 딱 한 번 듣고 그마저도 집중하지 않으면 흘려보낼 가능성이 크다. 자신에게 의미 있다고 여기는 내용만 걸러서 듣는다. 그러니 자신의 말은 뚜렷이 기억하면서도 다른 사람의 말은 기억하지 못하는 것이 당연한지도 모른다.

기억의 속성이 이러하니 자신의 기억을 과신하고 자신의 말이 옳다고 우기지 말아야 한다. 때로는 내가 틀리고 다른 사람이 맞을 수도 있으니 말이다.

음악이 성과에 영향을 미칠까?

백색 소음은 학습 효과를 높인다

"라떼는 말이야."라는 말은 전형적인 꼰대 레퍼토리라서 젊은 사람들은 무척이나 싫어할 테지만, 어쩔 수 없이 내 젊은 시절 이야기를 해야겠다. 내가 중학생이나 고등학생 시절에는 공부할 때 늘 라디오를 켜 놓곤 했다. 좋아하는 음악을 듣기 위해서이기도 하지만 DJ들이 내가 보낸 엽서를 읽어 주는 것을 들으며 마치 대화 나누는 듯한 느낌이 들었기 때문이다. 그런데 그 시절에 라디오를 들으며 공부했던 것들이 과연 효과가 있었을까? 그랬을 것 같지는 않다.

신경과학자들의 연구에 따르면 백색 소음white noise은 학습이나 업무 효율을 높인다고 한다. 모든 색의 빛을 섞으면 백색 빛이 되는 것처럼 인간이 들을 수 있는 모든 주파수 범위의 소리들이 섞인 것을 백색 소음이라 한다. 자연에서 들을 수 있는 파도 소리나 빗방울 떨어지는 소리, 바람 소리 등은 물론이고 선풍기나 에어컨 작동 소리 등도 백색 소음에 해당한다. 이러한 백색 소음이 공부를 할 때 집중력을 높여 준다는 사실은 이미 오래 전부터 알려져 왔다.

한 실험에서 사무실의 백색 소음을 10데시벨 정도 높이자 근무 중 잡담이나 불필요한 신체적 움직임이 줄었지만, 한 달 후에 백색 소음을 줄이자 지루함을 느끼고 업무에 대한 집중력이 떨어졌다고 한다. 미국 시카고 대학교의 소비자 연구 저널 연구진에 따르면 백색 소음을 들려주면 정적이 흐를 때에 비해 집중력과 기억력이 각각 48%와 10% 향상되고 스트레스는 28% 감소했다고 한다. 백색 소음이 집중력 향상에 도움이 되는 이유는 주파수의 범위가 넓어 주변 소음을 차단해 주기 때문이다.

또한 최근 연구 결과에 따르면 최적의 백색 소음은 정보 처리를 용이하게 하며 지각 능력뿐 아니라 기억 같은 인지 기능에도 긍정적인 영향을 미치는 것으로 나타났다. 이는 도파민 분비와도 관련이 있다. 백색 소음이 중뇌에 위치한 흑질과 복측 피개의 활동을 강화하면 도파민 분비가 증가해 기분이 좋아진다.

도파민은 쾌감을 느끼게 하는 신경전달물질로 주의나 학습에도 관여한다. 전두엽에서 도파민이 부족하면 주의 집중에 어려움을 겪고 학습 능력마저 저하된다. 도파민의 분비가 늘면 이것이 전두엽으로 흘러 들어가 주의와 학습 능력을 향상시킨다. fMRI를 이용한 실험에서 백색 소음이 흑질과 복측 피개, 청각 피질의 활동을 부분적으로 강화하는 것으로 나타났다. 게다가 백색 소음은 흑질 및 복측 피개와 우측 상위측두고랑과 강한 연계를 이루는데, 측두엽 부위 역시 학습과 기억에 관여하는 부위로 알려져 있다. 따라서 백색 소음이 주의력과 집중력을 높이며 기억력도 향상시키는 것이다.

분홍 소음은 숙면을 돕고 기억력을 높인다

연구 결과에 따르면 백색 소음의 사촌격인 분홍 소음pink noise은 나이든 성인의 숙면을 돕고 기억력을 높인다고 한다. 분홍 소음은 고주파와 저주파가 혼합된 것으로 백색 소음의 변형이라고 할 수 있는데, 백색 소음에 비해 더 자연스럽고 고주파의 음이 적은 것이 특징이다. 분홍 소음도 백색 소음처럼 숙면과 기억력 향상에 도움이 된다.

미국 노스웨스턴 대학의 신경학 교수인 필리스 지Phillis Zee는 이틀에 걸쳐 60세에서 84세 사이의 노인 13명의 기억력을 측정했다. 나이든 사람들은 대체로 서파 수면slow-wave sleep을 취하지 못하며 해마 등 신경세포의 노화로 말미암아 기억의 응고화가 쉽게 이루어지지 않는다. 실험 참가자들은 이틀 동안 밤과 아침에 기억력 테스트를 받았는데, 이틀 중 하룻밤은 헤드폰과 뇌파 측정 캡을 쓰고 잠을 잤으며 깊은 수면 상태일 때 분홍 소음을 들려주었다. 물 흐르는 소리와 비슷한 정도의 기분 좋은 분홍 소음을 뇌가 소리에 익숙해지지 않을 정도로 짧은 시간 동안만 들려주었고, 이틀 중 남은 하루는 분홍 소음을 들려주지 않았다.

실험 결과, 수면 중 분홍 소음을 들은 사람들은 서파 리듬이 증가했으며 이튿날 아침 기억력 테스트에서 세 배나 높은 성과가 나타났다. 반면 분홍 소음을 들려주지 않은 날에는 기억력이 별로 향상되지 않았다. 따라서 분홍 소음이 숙면과 기억력 향상에 도움이 된다는 것을 알 수 있다.

음악은 목적에 맞게 쓰여야 한다

그렇다면 공부나 일을 하는 동안 음악을 들으면 백색 소음처럼 인지 능력이나 집중력 등이 향상될까? 먼저, 조립이나 품질 관리 등의 반복적인 업무는 시간이 지날수록 집중력이 떨어지기 마련인데, 경쾌한 음악은 효율성과 정확성을 향상시킨다. 음악이 업무를 덜 지루하게 느끼도록 만들며 주의심과 경각심을 높여 준다. 이때는 가사 없는 음악이 효과적이다. 공부할 때도 무언가를 베껴 쓰거나 지루함을 느낄 만한 단순 계산 같은 것을 할 때 적합하다.

두 번째로, 인지 능력이나 창의력을 요구하는 과제를 수행하기 전에 음악을 들으면 성과에 영향을 미칠 수 있다. 캐나다의 대학생들은 알비노니~Albinoni~의 단조 음악보다 모차르트의 경쾌한 음악을 들은 후 IQ 테스트에서 더 높은 점수를 받았다. 일본의 어린이들도 낯선 클래식 음악보다 익숙한 동요를 들은 후 창의적인 그림을 오랜 시간 동안 그렸다.

세 번째로, 반복적이며 정보가 많지 않은 느린 음악은 인지 과제를 할 때 성과를 향상시킨다. 고등학교 학생들이 책을 읽는 동안 리듬 변화가 심한 곡, 역동적인 곡과 고도의 반복적인 신시사이저 음악을 들려주자, 고도의 반복적인 신시사이저 음악을 들은 학생들이 읽기 능력 테스트에서 현격하게 높은 점수를 얻었다. 또 다른 실험에서는 아무 음악도 흐르지 않을 때보다 명상 음악이 배경으로 흐를 때 읽기 능력 점수가 높게 나타났다.

마지막으로 우리가 흔히 듣는 대중음악은 복잡한 업무 수행이나 학습을 오히려 방해한다. 전형적인 멀티태스킹 상황을 유발하며 무언가를 암기해야 하거나 복잡한 문제를 풀 때 들려오는 노래 가사가 주의를 분산시키며 학습 효율을 떨어뜨리기 때문이다.

이 세상에 존재하는 모든 것들은 나름대로 쓰임새가 있다. 음악도 마찬가지다. 무턱대고 음악을 듣는다고 해서 늘 마음이 차분하게 가라앉는 것도 아니고 산만해지는 것도 아니다. 목적에 맞게 적절한 음악을 선택해서 듣는 지혜가 필요하다.

PART 5

뇌를 알면
더욱 가치있게 쓸 수 있다

당신도 저글링을 할 수 있다

뇌의 구조는 학습에 따라 달라진다

육체는 열심히 단련하면 발달한다. 배가 뿔룩 나왔더라도 먹는 것을 조심하고 열심히 운동하면 누구나 초콜릿 빛 복근을 가질 수 있다. 그렇다면 뇌도 단련하면 더 좋아질까? 이제는 뇌의 가소성에 대해 흔히들 이야기하지만 불과 몇십 년 전까지만 해도 뇌는 한 번 형성되면 바뀔 수 없다는 믿음이 강했다. 뇌과학이 본격적으로 연구되지 않던 1980년대 후반까지만 해도 뇌는 기능별로 철저하게 구획돼 있으며 한 번 만들어지면 죽을 때까지 변하지 않는다고 여겼다. 하지만 많은 연구를 통해 뇌가 일상 경험을 통해 끊임없이 재구성된다는 사실들이 밝혀졌다. 뇌는 고정돼 있지 않고 쓰기에 따라 얼마든지 달라질 수 있다는 것이다. 시간이 좀 필요하고 쓰지 않으면 원래의 상태로 돌아가려는 회귀 본능이 강할 뿐이다.

독일 레겐스부르크Regensburg 대학의 교수들은 저글링을 할 줄 모르는 24명의 실험 참가자들을 모집한 후 두 집단으로 나누었다. 그리고 첫 번째 집단만 3개월 동안 매일 저글링 연습을 하고, 두 번째 집단은 아무것도 하지 않도록 했다. 연구진은 실험을 시작하기 전과 실험이 끝난 후에 MRI 장비를 이용해 이들의 뇌를 촬영했다.

실험 결과 저글링 동작을 연습한 참가자들은 시각과 운동 활동을 담당하는 뇌 부위의 회백질에 눈에 띄는 변화가 나타났다. 회백질의 두께는 신경세포의 수와 비례하는데 그 양과 밀도가 현저하게 늘어난 것이다. 아쉽게도 이들이 저글링을 그만두자 3개월 후에는 그 부위가 다시 정상 크기로 돌아왔지만 말이다. 한 번 변화한 뇌도 사용하지 않으면 원래 상태로 돌아가는 것이다.

신경과학자인 크리스티안 가서Christian Gaser와 고트프리트 슐라우그Gottfried Schlaug에 따르면 전문 음악가의 경우 1차 운동 영역과 감각 영역, 전운동 영역, 전측두엽과 하측두엽 등 두뇌의 다양한 부위에서 아마추어 음악가나 음악가가 아닌 사람들에 비해 회백질이 훨씬 많다는 것을 밝혀냈다. 회백질이 많다는 것은 그만큼 두뇌에서 음악과 관련된 기능을 처리하는 데 배정된 신경세포가 많다는 것을 의미한다. 전문 음악가들은 피아노나 바이올린과 같은 악기를 다루면서 하루 대부분의 시간을 보내므로 그와 관련된 감각이나 운동 등 뇌 부위가 발달할 수밖에 없다.

머릿속으로 무언가를 그려 보면 현실에서도 유사한 경험을 한다는 심상 훈련처럼 뇌가 상상하는 대로 바뀐다는 얘기는 숱하게 들어 봤을 것이다. 실제로 뇌는 어떻게 활용하느냐에 따라 달라진다. 자주 쓰는 부위는 강화되고 자주 사용하지 않는 부위는 쇠퇴한다. 바이올린 연주자들은 현을 잡는 왼손의 손가락에 해당하는 뇌의 감각 부위가 다른 사람들보다 크다고 한다. 음악가들의 청각 피질은 음악가가 아닌 사람들에 비해 음의 순서를 더 빠르게 처리한다고 한다. 이처럼 뇌는 사용하기에 따라 달라지는데, 이를 뇌의 가소성neuro-plasticity이라고 한다.

뇌는 얼마든지 변화할 수 있다

뇌의 가소성에 관한 실험 결과는 무궁무진하게 많다. 뇌졸중으로 신체가 마비된 사람이 다시 걷게 되는 것도 뇌의 가소성 덕분이다. 외국어를 열심히 공부하면 해당 언어를 유창하게 할 수 있는 것도 가소성 때문이다. 그러니 뇌는 마음먹기에 따라 얼마든지 달라질 수 있다.

그렇다고 뇌가 무작정 바뀌는 것은 아니다. 뇌를 바꾸려면 무엇보다 관심이 있어야 한다. 캘리포니아 대학의 마이클 메르체니히Michael Merzenich 교수는 원숭이의 손가락을 하루에 100분씩 가볍게 자극하는 실험을 했다. 자극하는 동안 헤드폰으로 특정한 주파수의 소리를 들려주었다. 어떤 원숭이에게는 자극의 리듬이 바뀔 때 주스 한 잔을 보상으로 주어 손가락의 자극에 관심을 기울이도록 훈련시켰다. 그러면 원숭이는 보상을 받기 위해 손가락 자극에만 관심을 기울인다. 반면에 다른 원숭이는 소리에만 관심을 갖도록 만들었다. 역시 주파수 변화에 반응하면 주스 한 잔을 보상으로 주는 방식으로 말이다.

6주간 훈련을 거친 후 원숭이의 뇌를 살펴보니 피질에 변화가 생겼다. 손가락 자극에 관심을 가진 원숭이는 손가락에 대응하는 체감각 영역이 확대됐다. 하지만 소리에만 관심을 가진 원숭이는 체감각 영역에는 변화가 없었다. 결국 감각에 관심을 가진 원숭이는 감각을 담당하는 뇌 부위가 커졌지만, 감각에 관심이 없는 원숭이의 감각 영역은 변화가 없었다. 이는 두뇌를 변화시키기 위해서는 무엇보다 먼저 관심을 가져야 한다는 걸 나타낸다.

뇌 안에서 기억과 학습을 담당하는 해마의 치상회라는 부위와 소뇌, 후각 피질 등에서는 끊임없이 새로운 세포가 만들어지는 신경 발생neurogenesis이 이루어지고 이것들은 뇌를 새롭게 구성하는데 중요한 요소로 활용된다. 하지만 새로 만들어진 신경세포는 사용하지 않으면 사멸되고 만다.

우리는 마음먹기에 따라 뇌를 좋은 방향으로 변화시킬 수 있다. 좋은 습관, 좋은 행동을 반복하면 뇌를 변화하고 변화한 뇌는 사고를 바꾼다. 늘 부정적으로 사고하고 불만만 늘어놓던 사람도 긍정적이고 감사하는 마음을 가진 사람으로 바뀌고, 늘 게을러서 손해를 보던 사람도 부지런한 사람이 돼 성과를 낸다. 노력만으로 타고난 재능을 이기기 힘들지만, 노력하는 사람은 노력하지 않는 사람에 비해 훨씬 더 삶의 질을 높이는 기회를 가질 수 있다. 삶의 질을 높이려면 뇌를 긍정적인 방향으로 변화시킬 수 있다는 믿음과 이를 위한 노력이 우선돼야 한다.

삶에서 도전을 멈추지 말아야 하는 이유

컴퓨터 게임은 두뇌 발달에 도움이 될까?

IT 기술이 발달하면서 이를 활용한 소프트웨어들도 수없이 등장하고 있는데 그 중 하나가 컴퓨터 게임이다. 내가 젊었을 때만 해도 컴퓨터 게임은 하등 도움이 안 되는 시간 낭비일 뿐이라고 여겼으나 지금은 스포츠의 한 분야로 자리 잡아 프로게이머들이 억대 연봉을 받으며 대접받을 정도로 위상이 높아졌다. 그럼에도 불구하고 여전히 세상에는 컴퓨터 게임을 비딱하게 바라보는 시선이 많다. 원인은 컴퓨터가 두뇌에 미치는 영향 때문이다.

컴퓨터 게임은 두뇌 발달에 도움이 될까, 안 될까? 아마도 이에 대해서는 닭이 먼저냐, 달걀이 먼저냐 하는 것처럼 답을 내기 어려울지도 모른다. 이미 신경과학자들 사이에서도 이 주제를 두고 오랜 시간 논쟁이 벌어지고 있다. 그들 중에는 두뇌 개발 게임이 실제로 두뇌 개발에 큰 영향을 미치지 않는다는 연구 결과를 발표하는 사람들도 있다. 하지만 게임 개발 업체들은 게임이 두뇌 개발에 도움을 준다고 강하게 주장한다. 특히 전략 게임이나 시뮬레이션 게임 등은 머리를 쓰지 않으면 안 되므로 게임을 할수록 두뇌가 발달할 수 있다고 주장한다.

2015년 중국 청두 전기과학기술대학교의 연구진은 최소 6년 이상 〈리그 오브 레전드〉나 〈DOTA 2〉를 해 온 프로게이머 수준의 실력자 27명을 모집했다. 이와 함께 대조군으로 게임을 취미 삼아 가끔 즐기는 사람들을 모집했다. 연구진은 이들을 대상으로 fMRI를 이용해 뇌섬엽의 앞부분과 뒷부분, 그리고 각 부분 사이의 연결성을 조사했다. 그 결과 프로 실력자들의 뇌섬엽의 연결성이 아마추어 대조군에 비해 크게 증가한 것으로 나타났다. 또한 좌뇌와 우뇌 모두 앞부분보다 뒷부분의 연결성이 강화됐는데 집중력보다는 감각 운동 기능의 네트워크가 훨씬 더 활성화된 것을 보여준다. 게임에 몰입하면 뇌섬엽이 언어 중추와 운동 반응 사이의 연결성을 중계하고 활동성이 높아진다는 것이다.

다른 연구 결과도 있다. 영국의 에이드리언 오언Adrian Owen 박사가 주도하는 의학연구위원회는 18세부터 60세 사이의 성인 1만여 명을 대상으로 두뇌 발달 게임이 지능 향상에 미치는 영향을 조사했다. 연구진은 피험자들을 두 그룹으로 나눈 후 8,600명에게는 총 6주간 지능 개발용 온라인 게임을 매주 3회씩 하루에 10분 이상 하도록 하고, 다른 2,700명에게는 같은 시간 동안 인터넷 서핑만 하도록 했다. 그 결과 기억력과 추리력 등 두뇌 활동에 있어서 두 그룹 간에 의미 있는 차이는 나타나지 않았다. 연구를 주도한 에이드리언 오언 박사는 일부 영역에서는 두뇌 게임을 한 그룹의 지능이 떨어졌다고 설명했다.

이 실험 결과에 대해서는 과학자들 사이에서도 반응이 엇갈린다. 미국 일리노이 주립대 심리신경학과 아트 크레이머Art Kramer 교수는 "게임에서 얻어진 능력이 실제 생활에서 활용할 수 있는 능력으로 바뀐다는 증거는 드물다."며 "차라리 운동을 하면 뇌세포 재생이나 신경세포 연결 유도 등의 효과가 있어 지능 향상에 더 도움이 될 것"이라며 연구 결과를 지지했다. 반면에 영국 킹스칼리지 심리신경학과 필립 아데이Philip Adey 교수는 "게임을 통한 지능 개발이 쉬운 것은 아니지만 불가능한 것도 아니다."라며 "매우 어려운 컴퓨터 게임을 하면 두뇌 능력 향상에 도움이 될 수 있다."고 말했다.

끊임없는 두뇌 자극이 중요하다

이렇듯 서로 다른 의견에 대한 결론을 이 자리에서 내릴 수는 없다. 현재의 과학 기술로는 답을 찾기 힘든 탓이다. 하지만 이 실험에 대해 몇 가지 생각해 볼 것은 있다. 우선 두뇌는 새로운 자극을 받으면 그 것을 처리하기 위한 신경 활동이 활발하게 증가한다. 즉 새로운 컴퓨 터 게임을 접했을 때 문제 해결을 위해 사고력이나 추론 능력 등을 동 원한다. 그 과정에서 기존 신경세포를 활용해 문제를 해결하려 하거나 새로운 신경세포의 결합을 통해 해결책을 찾아내려 활발히 노력한다. 새로운 신경회로를 만든다는 측면에서 보면 두뇌 발달이 이루어진다 고 볼 수 있다.

하지만 시간이 지나면서 특정한 일에 익숙해지면 뇌는 활용 방식을 슬쩍 바꿔 버린다. 뇌는 몸에서 사용하는 에너지의 무려 20% 정도를 소모하는 에너지 센터이므로 가급적이면 에너지 소모를 줄여 효율적 으로 가동하려는 속성이 있다. 그래서 어느 정도 일이 익숙해지면 별 생각 없이 처리하려는 경향이 있다.

이러한 뇌의 특성으로 말미암아 나타나는 것이 자동 조정 방식 혹 은 기계화이다. 무언가에 익숙해지면 사고 과정은 쏙 빠져나가고 기계 적으로 일을 한다. 엑셀을 처음 배울 때는 무척 어렵고 머리가 아프지 만 숙달되면 거의 힘들이지 않고 사용한다. 자세히 살펴보면 의식적으 로 일하는 것이 아니라 마치 기계처럼 아무 생각 없이 손을 움직인다. 이렇게 뇌가 작동하는 것이 자동 조정 방식이고 기계화이다.

그러므로 컴퓨터 게임을 할 때 두뇌를 쓰는 것처럼 보여도 실제로 는 그리 활발하게 뇌가 움직이지 않을 가능성도 있다. 새로운 게임을 할 때는 분명 뇌를 쓰려고 노력할 테지만 어느 정도 익숙해지고 나면 뇌의 활동은 줄어든다. 게임에서는 매번 같은 상황이 없는데 어떻게 익숙해지느냐고 반문하겠지만 그렇다 해도 대응하는 방법이나 게임을 풀어나가는 패턴 등은 다르지 않다. 다시 말해 자기만의 방식에 익숙해져 무의식적으로 뇌를 크게 활용하지 않고 문제를 해결할 수도 있다는 뜻이다.

또 하나. 게임을 하려면 순발력이 필요하며 눈이나 손의 움직임 등 운동 능력도 뛰어나야 하고 그러한 부위를 관장하는 뇌의 활동이 늘어나므로 뇌가 발달하는 것 아니냐고 물을 수 있다. 하지만 이 또한 생각해 봐야 한다. 인간의 두뇌는 무언가 익숙해지면 기저핵이나 소뇌라는 부위에 각인돼서 특별히 신경 쓰고 노력하지 않아도 그 활동을 할 수 있다. 운전을 처음 배울 때는 머리가 지끈거릴 정도로 신경을 많이 쓰지만 경험이 쌓이면 대수롭지 않은 것처럼 말이다. 기저핵이나 소뇌가 그 움직임을 패턴화해 각인했기 때문이다.

독서가 두뇌 발달에 좋다는 것은 이미 여러 연구 결과를 통해 입증됐다. 하지만 킨들 같은 전자 기기를 이용한 독서는 종이책에 비해 두뇌 발달에 효과가 크지 않다는 의견도 있다. 이처럼 뇌라는 것은 오묘하기 짝이 없어서 무엇이 두뇌 발달에 좋은지 단정 지을 수 없다. 독서 역시 익숙해지면 힘들이지 않고 할 수 있으니 그 수준에 이르면 두뇌 발달을 기대하기는 어려울 것이다. 다만 두뇌를 쉬지 않고 움직여 노화나 퇴화를 방지하는 데는 효과가 있다고 보는 게 맞을지 모른다.

　컴퓨터 게임과 두뇌 발달의 문제는 여전히 해결되지 않는 뜨거운 감자다. 게임이 두뇌 발달에 해롭다는 결론을 내릴 수는 없다. 아울러 자동 조정 방식이나 기계화, 기저핵이나 소뇌에 의한 무의식적 수행 등을 고려하면 게임이 두뇌 발달에 좋다는 결론도 내리기 쉽지 않다. 중요한 것은 두뇌를 끊임없이 자극하는 것이며, 이를 위한 가장 좋은 방법은 익숙한 것에 안주하지 않는 것이다. 가급적이면 새로운 것, 새로운 활동을 찾아 뇌를 자극하는 것이 좋다. 뇌는 자극받을수록 그 자극에 대응하기 위한 방법을 찾으려고 하기 때문이다. 삶에서 도전을 멈추지 말아야 하는 이유도 바로 이 때문이다.

시험을 앞두고 있다면 술을 멀리하라

술은 정보의 가공과 통합을 어렵게 만든다

너무 뻔한 이야기로 들릴지 모르지만 두뇌 활용 역량을 높이기 위해서는 가급적 술을 마시지 않는 것이 좋다. 누구나 알고 있듯이 술은 백해무익할 뿐 아니라 특히 뇌에 안 좋다. 술은 뇌의 활동 중 렘수면을 방해하는데, 술을 마시면 자는 동안 몸이 알코올을 대사하면서 알데하이드와 케톤이라는 화학 물질을 부산물로 만든다. 이 중 알데하이드는 뇌의 렘수면을 차단하는 역할을 한다. 술을 마시고 자면 꿈을 꾸지 않거나 꿈을 꾸는 수면이 줄어든다. 렘수면이 방해받으면 새로 받아들인 정보에 대해 기억의 통합이나 연상이 이루어지는 효율성이 급격히 떨어진다. 학습 능력이 현저히 저하되는 것이다.

수면 과학자인 매슈 워커는 대학생들을 모집한 후 7일에 걸쳐 술이 잠에 미치는 영향에 관한 연구를 진행했다. 첫째 날 모든 참가자들은 새로운 문법을 학습했다. 학생들은 새로운 문법을 매우 능숙하게 쓸 수 있을 만큼 반복했다. 테스트 결과 100점 만점에 90점을 받을 정도였다. 그런 뒤 6일간 잠을 잘 때 학습한 정보가 얼마나 많이 응고되는지 알아보기 위해 일주일 뒤 참가자들을 검사했다.

실험 조건은 세 가지였다. 첫 번째 집단은 대조군으로 6일 동안 아무런 방해 없이 자연스럽게 푹 자도록 했다. 두 번째 집단은 첫날 낮에 학습을 한 뒤, 밤에 잠자러 가기 직전에 오렌지 주스를 섞은 보드카 두세 잔을 마시도록 했다. 연구진은 성별과 체중을 토대로 같은 집단에 속한 피험자들의 혈중 알코올 농도가 같도록 음주량을 조절했다. 세 번째 집단은 첫날 밤과 둘째 날 밤에는 술을 마시지 않고, 셋째 날 잠들기 전에 술을 마시도록 했다.

세 집단 모두 첫날 맑은 정신으로 학습했고, 7일째에 맑은 정신으로 테스트를 받았다. 7일째에 대조군에 속한 이들은 원래 배웠던 사항들을 다 기억했다. 심지어는 지식을 추상화하고 유추해 처음보다 실력이 더 향상되기까지 했다. 이는 예상한 결과였다. 반면 첫날 밤에 보드카를 마시고 잠든 집단은 7일 뒤에 낮은 성적을 보였는데 원래 배운 것 중 50% 이상을 잊었다. 마치 부분 기억 상실증에 걸린 것과 유사한 수준이었다. 가장 놀라운 결과를 보여준 집단은 세 번째였다. 이들은 첫날 학습한 뒤 이틀 밤을 푹 잤음에도 셋째 날 밤에 알코올을 섭취하자 두 번째 집단과 거의 동일한 수준으로 기억을 상실했다. 학습한 내용 중 기억하는 것은 60% 정도에 불과했다. 이 실험 결과는 알코올이 기억을 입력하거나 출력하는 것뿐 아니라 기억 통합 과정에서도 영향을 미친다는 사실을 말해 준다. 술을 마시지 않고 잠을 잔 첫번째 대조 집단이 새로운 문법을 완벽하게 기억할 뿐 아니라 응용력까지 생겼다는 것은 정보의 통합과 연상 과정이 제대로 일어났음을 알 수 있는 대목이다.

술 때문에 렘수면이 방해받는다

문제는 복잡한 지식을 기억에 통합하는 렘수면의 밤샘 작업이 알코올에 의해 방해를 받는다는 것이다. 더 놀라운 점은 뇌가 첫날 밤에 잘 자더라도 그 지식을 처리하는 과정이 단 하루 만에 끝나지 않는다는 사실이다. 기억은 이틀 동안 잠을 푹 잤음에도 불구하고 학습한 지 3일 밤까지 여전히 알코올에 의한 수면 교란에 취약한 상태로 남아 있었다고 볼 수 있다. 무언가를 학습하고 이삼일 지난 후에 '오늘은 괜찮겠지'라며 방심해서는 안 된다는 것이다. 그렇다면 시간이 얼마나 지나야 기억이 안전하게 보관될까? 이에 대해 많은 연구가 이루어졌지만 아직까지 정확한 답을 얻지는 못했다. 확실한 것은 위의 실험 내용에서 보듯 3일째 밤까지도 새로 이식된 기억을 처리하는 일을 다끝내지 않는다는 사실이다.

그러므로 반드시 기억해야 할 것이 있다면 술을 멀리하는 것이 좋다. 특히나 시험을 준비하는 입장이라면 술은 가급적 입에 대서는 안 된다. 공무원 시험이나 국가고시같이 장기적으로 공부할 때 술을 마시면 그날 혹은 그 이전에 며칠 동안 학습한 내용이 기억나지 않을 수도 있다.

재미있는 것은, 뇌는 정보를 입력할 때와 유사한 환경에 놓일 때 그 정보를 출력하는 과정이 매끄럽게 일어난다. 수중에서 무언가를 배운 잠수부들은 땅 위보다는 물속에서 시험을 볼 때 더 높은 점수를 받는다. 술에 취해서 무언가를 학습하고 기억했다면 멀쩡한 정신일 때에 비해서 술에 취했을 때 기억이 더 잘 난다. 술 마셔도 꼭 공부를 하거나 책을 읽고 자는 사람이 있다. 알고 보면 그만큼 어리석은 행동이 없다. 술에 취해서 한 공부나 술에 취해서 읽은 책은 술이 깨면 잘 기억나지 않기 때문이다. 몸만 더욱 축내는 셈인데, 내용을 다시 기억하려면 또 술을 마셔야 할지도 모른다.

수능 만점자는 잠을 충분히 잤을까?

잠은 기억을 공고하게 만든다

사람이라면 누구나 똑똑하다는 소리를 듣고 싶어 한다. "그 사람 참 머리가 비상해." 혹은 "그 사람은 정말 머리가 좋아."라는 말을 들으면 어깨가 으쓱해진다. 그러나 주위 사람들로부터 그런 칭찬을 받고 싶어도 생각처럼 잘 되지 않는다. '멍청이'라는 소리만 듣지 않아도 다행이다 싶다. 왜 우리는 똑똑해지고 싶어도 그럴 수 없을까? 왜 아무리 공부하고 노력해도 쉽게 바뀌지 않을까? 속이 상한다면 꾹 참고 이 글을 읽어 보길 바란다.

우선 똑똑하다는 것은 무슨 의미일까? 두뇌를 잘 활용한다는 말과 같다. 조금 단순화하면 새롭게 배운 것을 잘 이해하고 기억하는 능력,

그것을 응용해서 새로운 생각을 떠올릴 수 있는 창의력이 높으면 똑똑하다는 소리를 듣지 않을까? 그렇다면 아주 쉬운 방법이 있다. 잠을 충분히 자는 것이다. 이게 웬 떡이냐고 생각할 수 있지만 잠은 두뇌 활용 역량을 끌어올려 기억력과 창의력을 높이는 데 아주 중요한 역할을 한다.

수면 전문가인 매슈 워커는 잠과 창의력에 관한 실험을 수행했다. 연구진은 피험자들이 자는 동안 퍼즐 문제를 풀도록 하는 실험을 고안했다. 퍼즐은 알파벳이 뒤죽박죽인 단어를 보여주고 배열을 바꿔 원래의 의미 있는 단어를 찾는 것이었다. 예를 들어 'PAEPL'이라는 단어를 보여주면 이것을 보고 'APPLE'이라는 올바른 단어를 찾아내는 것이다. 연구진은 참가자들이 잠을 자는 도중 깨워 90초간 퍼즐을 풀게 했다. 한 문제를 풀면 바로 다음 문제로 넘어가고 90초 동안 퍼즐을 풀고 나면 다시 잠들도록 했다. 예능 프로그램에서 참가자들이 자다 깨서 문제를 푸는 것과 같다.

연구진은 사전에 피험자들에게 실험 내용을 설명한 후 머리에 전극을 붙이고 수면 연구실에서 잠을 자도록 했다. 잠에서 깬 참가자들이 어리둥절해 하지 않도록 잠들기 전 여러 차례 문제를 풀어 잠에서 깨어 곧바로 문제를 풀 수 있도록 했다. 연구진은 참가자들이 어떤 수면 단계에 있는지 알아보기 위해 모니터링 장치로 자는 모습을 지켜보았다.

실험이 시작되자 연구진은 피험자들을 얕은 잠인 렘수면의 초기와 후기에 한 번씩, 깊은 잠인 비렘수면의 초기와 후기에 한 번씩 모두 네 차례 깨웠다. 이 실험에서 참가자들은 비렘수면 단계에서 깨어났을 때는 단어 맞추기 퍼즐을 거의 풀지 못했다. 반면에 렘수면 단계에서 깨어났을 때는 문제를 푸는 능력이 현저하게 상승했다. 특이하게도 이때는 깨어 있을 때 문제를 푸는 것보다 적어도 15%에서 많게는 35%까지 정답을 맞히는 비율이 높았다.

문제 풀이 방식도 달랐다. 비렘수면이나 각성 상태에서는 문제를 보고 무슨 단어일까 곰곰이 생각해 본 끝에 답을 맞혔지만, 렘수면 단계에서는 저절로 답이 튀어나왔다. 비렘수면 단계나 각성 상태에 비해 훨씬 빠르고 직관적으로 답을 찾아낸 것이다.

덧붙여 설명하면, 잠이 들면 네 단계를 거쳐 비렘non-REM수면에 이르는데, 소위 깊은 잠 혹은 서파slow wave수면이라고 하는 단계로 이때는 일반적으로는 꿈을 꾸지 않는 것으로 알려져 있다. 비렘수면 단계를 거친 잠은 다시 각성 상태 바로 아래의 얕은 잠인 렘REM, Rapid Eye Movement수면으로 이어진다. 렘수면은 꿈을 꾸는 단계로 이때 잠자는 사람의 눈을 들여다보면 눈동자가 빠르게 움직인다.

비렘수면과 렘수면은 90분 정도의 주기를 두고 하루에 5~6번 정도 반복된다. 왜 잠이 이렇게 설계됐는지까지는 알 수 없지만 비렘수면 단계에서는 주로 기억의 저장이 일어나고 렘수면 단계에서는 기억의 가공과 통합이 일어난다. 각성 상태에서 외부로부터 받아들인 정보는 일단 단기 기억 저장소인 해마에 저장된다. 해마를 USB라고 생각하면 이해하기 쉬울 것이다. 하지만 USB도 용량의 한계가 있으므로 자주 비우지 않으면 새로운 정보를 받아들일 수 없는데, 잠자는 동안 해마에 있던 기억을 하드디스크에 해당하는 대뇌 피질 어디론가 보내 장기 기억으로 변환한다. 이를 '기억의 공고화'라고 한다. 이 과정은 깊은 잠인 비렘수면 단계에서 일어난다. 따라서 잠을 깊이 자지 못하면 열심히 학습해도 내용을 장기 기억으로 저장할 수 없다.

렘수면은 창의력을 높인다

반면 렘수면 때 정보를 가공하고 통합하는 일이 일어나는데 깨어있는 동안 받아들인 외부의 정보를 검색해 불필요한 것은 버리고 필요한 정보는 저장한다. 게다가 새로운 정보를 과거에 저장해 놓은 정보와 연결해 의미 있는 결합을 이루려 하는데 이 과정이 바로 꿈이다. 서로 관련 없는 정보들이 결합하다 보니 현실에서는 말도 안 되는 일들이 꿈속에서는 자연스럽게 일어난다.

이 과정에서 서로 무관해 보이던 정보들이 결합하면서 각성 상태에서는 생각할 수 없는 기발한 아이디어나 창의적인 생각들이 떠오를 때가 있다. 케쿨레Friedrich August Kekule가 잠을 자면서 벤젠의 육각 구조를 떠올린 것이나 하우Elias Howe가 꿈속에서 구멍이 뚫린 바늘을 떠올려 재봉틀을 만드는 과정에서의 난제를 해결한 것이 이런 사례이다. 원소의 주기율표라는 것도 멘델레예프Dmitri Mendeleev가 꿈에서 얻은 영감을 바탕으로 만들어 낸 것이다.

수면 연구자인 하버드 대학의 로버트 스틱골드Robert Stickgold가 만든 표준 컴퓨터 검사 방식을 이용해 비렘수면 혹은 각성 상태에서 두뇌의 활동을 측정하면, 마치 로직 트리나 피라미드 형태처럼 지식을 긴밀하게 논리적으로 연결하는 원리에 따라 사고하는 것을 알 수 있다. 자신이 알고 있는 지식 체계인 스키마schema를 활용하는 것이다. 하지만 렘수면에서 깨우면 스키마를 이용해 문제를 풀지 않고 서로 멀리 떨어져 있고 명백하지 않은 정보를 연결해 답을 찾으려고 한다. 이 말은 렘수면이 두뇌를 창의적으로 개발하는 데 있어 아주 필수적인 수면 단계라는 것이다.

수능 시험이 끝나면 언론에 만점을 받거나 수석을 한 수험생의 인터뷰가 게재된다. 그때마다 꼭 하는 얘기가 "잠은 충분히 잤다."이다. 뇌에 대해 모를 때는 곧이듣지 않았는데 뇌를 알고 나니 이 말이 의미심장하게 다가왔다. 뇌는 잠을 잘 때 더욱 활발하게 활동한다. 각성 상태일 때보다 20%나 더 활발히 움직인다고 한다. 그때 뇌는 깨어 있을 때 받아들인 정보들을 반복 재생하고 의미를 이해해 장기 기억으로 옮기며 서로 다른 정보를 결합해 창의적인 아이디어를 찾아내는 것이다. 그러므로 잠을 잘 잔 사람일수록 학습 내용을 더 잘 기억하고 창의적으로 문제를 풀 수 있음은 당연한 이치다. 누군가는 "밤새 공부하고 시험 봐도 결과가 잘 나오던데?"라고 항변할지도 모른다. 단기 기억이 뛰어난 사람이라면 그럴 수도 있다. 하지만 그러한 지식은 결코 장기 기억으로 남을 수 없다. 장기 기억으로 저장하는 프로세스를 생략했기 때문이다. 잠을 자지 않고 공부하는 것은 마치 구멍 뚫린 항아리에 물을 채우는 것과 같다.

한 가지 더. 기억이나 학습, 창의력 등 잠이 뇌에 부여하는 선물은 주로 잠의 후반부에 많이 쏟아진다. 아침에 가까워질수록 기억이나 학습, 창의력 등의 활동이 더욱 활발해지는 것이다. 그런데 잠자는 시간이 짧아지면 어떻게 될까? 잠의 후반부가 생략되거나 짧아질 수밖에 없다. 잠이 뇌에 주는 선물을 충분히 받을 수 없다는 뜻이다. 물론 잠자지 않는 것보다는 낫지만 잠이 부족한 사람들은 7~8시간의 정상적인 수면을 취한 사람들보다 기억이나 학습, 창의력 향상 측면에서 상대적으로 뒤처질 수 있다. 그러니 아무리 바빠도 잠을 아끼지 마시라.

게으름은 타고난 본성이지만 이겨 낼 수 있다

인간의 뇌는 게으름을 선호한다

세상에는 세 종류의 사람이 있다. 부지런한 사람, 게으른 사람, 이도 저도 아닌 사람. 이들 중 성공 가능성이 가장 높은 사람은 어떤 부류일까? 아마도 대다수의 사람들이 부지런한 사람을 꼽을 것이다. 실제로 성공한 사람 중에는 부지런한 사람들이 많다. 부지런함이 성공의 충분조건은 될 수 없지만 적어도 필요조건은 되는 듯 보인다.

그렇다면 인간의 본능은 부지런함을 선호할까, 게으름을 선호할까? 캐나다 브리티시컬럼비아 대학교 뇌 행동 실험실의 마티유 부아공티에Matthieu Boisgontier 박사 팀은 한 가지 실험을 계획했다. 29명의 젊은 성인들을 모집한 후 컴퓨터 모니터에 사이클이나 수영, 등산 등 활발한 신체 활동이 담긴 사진과 소파에 누워 있기, 게임하기, 독서하기 등 신체 활동이 담기지 않은 그림을 보여주었다. 피험자들에게는 자신을 나타낼 수 있는 아바타가 하나씩 주어졌다. 모니터에 활발한 신체 활동을 담은 그림이 나타나면 피험자들은 아바타를 최대한 빨리 그 그림에 가까이 가져가고, 신체 활동이 담기지 않은 그림이 나타나면 최대한 빨리 아바타가 그림에서 멀어지게 만들어야 했다. 반대로 활발한 신체 활동이 담긴 그림이 나타날 때는 아바타를 그림에서 멀리 하고 신체 활동이 없는 그림이 나타날 때는 아바타를 그림에 가까이 가져가는 실험도 진행됐다. 실험이 진행되는 동안 뇌파 측정 장치_{EEG}를 활용해 피험자들의 뇌에서 일어나는 변화를 측정했다.

그 결과 피험자들의 뇌파는 활발한 신체 활동이 담긴 사진 쪽으로 아바타를 움직이거나 신체 활동이 없는 그림에서 벗어나는 쪽으로 아바타를 움직일 때 빠르게 반응했다. 신체 활동이 많은 그림에서 벗어나거나 신체 활동이 없는 그림 쪽으로 갈 때는 뇌파의 반응 속도가 느렸다. 이 결과만 놓고 보면 인간은 몸을 움직여 무언가를 하는 것에 대해 큰 거부감이 없는 것처럼 보인다. 하지만 뇌파 측정 장치로 두뇌 활동을 살펴본 결과, 신체 활동이 담기지 않은 그림으로부터 아바타를 멀리 하는 활동을 할 때 가장 힘들어하는 것으로 나타났다. 즉 신체 활동을 하지 않는 그림으로부터 멀어지려고 할 때 뇌에서 에너지 소모가 가장 많이 일어난 것이다.

학자들에 따르면 우리가 무언가 바람직하다고 여기는 행동을 하려고 할 때 뇌 안에서는 자동적인 접근과 통제된 접근 사이에 인식의 불균형이 일어난다고 한다. 예를 들어, 운동이 신체와 정신 건강에 좋으므로 운동을 해야 한다는 것은 자동적 접근이지만 그것을 하느냐 마느냐는 뇌에서 무의식적으로 통제하는 것이다. 이를 '운동의 역설'이라고 하는데 이렇게 자동적인 접근과 통제된 접근 사이에 인식 불균형이 일어나면 뇌는 본능적으로 무언가를 하기보다는 가만히 있는 것을 선호한다고 한다. 위의 실험 결과는 이를 입증하는 것이라 할 수 있다.

본성을 이기려는 노력이 필요하다

마티유 부아공티에 박사에 따르면 인간은 원래 게으름을 선호하는 편이라고 한다. 인간은 음식이나 은신처를 찾거나 포식자를 피하는 등의 활동을 하는 데 더욱 효율적이기 때문에 생존을 위해 본능적으로 에너지를 저장하는 것을 선호한다고 설명한다. 뇌파 검사 결과를 해석하면, 본능적으로는 몸을 움직이지 않고 가만히 있고 싶은데 이러한 본능을 피해 움직임을 만들어 내려면 대뇌 피질에서 여분의 에너지를 끌어내야 하고 이 때문에 힘들어 한다는 것이다. 이 순간 뇌는 편함을 추구할지 아니면 몸을 움직일지 갈등 상태에 놓인다. 이 말은, 인간은 본능적으로 무언가 활발하게 활동하기보다는 아무것도 하지 않도록 뇌 회로에 새겨 있다는 것이다. 많은 사람들이 틈만 나면 게으름을 피우려고 하는 것도 바로 이 때문이다.

그러나 뇌의 타고난 특성이 그렇다고 해서 게으름을 피우고 할 일을 미루면 인생을 성공적으로 살 수 없다. 부지런한 사람이 성공했다는 얘기는 많이 들었어도 게으른 사람이 성공했다는 얘기는 들어 본 적이 없다. 비록 뇌는 게으름을 선호한다 해도 무언가 해야 할 일이 있을 때 뇌는 그 게으름을 극복하기 위한 투쟁을 하고 있으므로 우리는 뇌의 투쟁을 유리한 방향으로 이끌어내야 한다. 다시 말해 게으름과 미룸을 극복하려고 노력해야만 뇌의 투쟁을 유리하게 이끌어 갈 수 있다.

마티유 부아공티에 박사는 어떤 것이든 습관화하는 것은 어렵다고 말한다. 우리가 인지하지 못하는 사이에 뇌에서는 늘 무언가를 두고 '할까? 말까?'를 고민한다. 아무리 필요한 일이라고 해도 실천하기는 쉽지 않은 것이다. 무언가를 행동으로 옮기려고 할 때 뇌 안에서는 갈등과 그것을 극복하기 위한 투쟁이 일어나는데 이를 인지하는 것이 좋은 행동을 습관화하는 첫걸음이라고 조언한다. 비록 매순간 '할까'와 '말까' 사이에서 줄타기하는 것이 인간의 본성이라 해도 때로는 본성을 이기려는 노력이 삶을 더 윤택하게 만들 수 있음을 되새겨 봤으면 한다.

기억을 잘 하는 비결

입력보다 출력이 우선이다

내가 가진 고민 중 하나는 책을 읽어도 그때뿐, 조금만 시간이 지나면 내용이 거의 생각나지 않는 것이다. 무슨 내용을 다루고 있는지는 어렴풋이 떠오르지만 상세한 내용을 살피려고 하면 이미 밑줄이 그어져 있음에도 마치 처음 보는 것 같은 내용이 많다. '내가 이 책을 언제 읽었지?' 하는 생각이 들 때마다 나의 한심한 기억력에 자괴감을 느끼곤 한다. 심한 경우에는 책을 덮고 돌아서는 순간 무슨 내용인지 떠오르지 않은 적도 많다. 이는 비단 나뿐이 아니라 많은 사람이 겪는 공통적인 문제일 것이다. 만일 같은 문제를 겪고 있다면 자연스러운 현상이니 너무 염려 마시라.

그렇다면 책을 읽고 내용을 더 오래 기억할 수 있는 방법은 없을까? 퍼듀 대학교의 제프리 카르피크Jeffrey Karpicke 교수에 따르면 교재를 반복해서 공부하는 것보다 문제를 반복해 푸는 편이 학습에 더욱 효과적이라고 한다. 입력을 반복하기보다는 출력을 반복하는 편이 뇌에 훨씬 더 잘 기억된다는 것이다.

카르피크 교수는 워싱턴 대학교의 학생들에게 스와힐리어 단어 40개를 암기하도록 하고 시험을 치르는 실험을 했다. 'Adahama=명예', 'farasi=말', 'sumu=독' 등 단어의 짝을 5초씩 제시하며 차례차례 암기하도록 했다. 학생들은 스와힐리어가 잘 알려지거나 많이 쓰이는 언어가 아니라 암기하는 데 애를 먹었다. 40개의 단어를 한 번에 외우는 것은 불가능하므로 여러 차례 반복해서 외우도록 했는데, 학생들을 네 개의 그룹으로 나눈 후 암기 방법을 다르게 적용했다.

첫 번째 그룹은 40개의 단어를 처음부터 끝까지 학습한 후 테스트를 진행했다. 그 결과에 따라 모르는 것이 있으면 처음부터 끝까지 암기하고 시험 보기를 반복해 전부 외울 때까지 학습하도록 했다.

두 번째 그룹은 처음에는 40개의 단어를 모두 외운 후, 테스트에서 암기하지 못한 단어만 다시 학습하게 했다. 만점을 받을 때까지 암기 학습을 반복했다.

세 번째 그룹은 테스트해 외우지 못한 단어가 있으면 처음부터 40개를 다시 외운 후 이전에 맞히지 못한 단어만 테스트하는 방식으로 학습했다. 단어를 모두 외울 때까지 이를 반복했다.

마지막으로 네 번째 그룹은 테스트에서 기억하지 못한 단어만 학습하고 재확인 테스트에서 틀린 단어만 확인했다. 모르는 단어가 없을 때까지 학습을 반복했다.

모든 그룹이 유사한 속도로 약 5~6회 반복만에 40개의 단어를 외우는 데 성공했다. 카르피크 박사팀은 일주일 후에 다시 동일한 학생들을 대상으로 테스트를 실시했다. 그러자 첫 번째와 두 번째 그룹은 80점을 받은 데 비해 세 번째와 네 번째 그룹은 불과 35점에 그쳤다.

이 실험에서 첫 번째 그룹과 두 번째 그룹이 세 번째 그룹, 네 번째 그룹과 다른 점은 40개의 단어를 모두 테스트하면서 외웠다는 것이다. 우리 뇌는 정보를 반복적으로 입력하기보다는 입력된 정보를 반복해서 출력할 때 장기적으로 보존할 수 있다. 구구단을 백 번 외우는 것보다는 한 번 외운 구구단을 활용해 곱셈을 자주 해 보는 것이 기억에 더 잘 남는 것이다. 입력보다 출력을 더 중시하는 것이 뇌의 기본 작동원리이므로 공부할 때도 교재를 반복해서 주의 깊게 보기보다는 문제집을 반복해서 푸는 것이 유리하다.

책의 내용을 기억하려면 출력을 반복해야 한다

책읽기도 이와 같다. 굳이 설명하지 않아도 이유가 무엇인지 알 것이다. 책을 읽는 것은 전적으로 정보를 입력하는 행위다. 출력은 일어나지 않는다. 300쪽 분량의 책이라면 그 방대한 내용을 일방적으로 뇌 안으로 욱여넣기만 할 뿐이다. 뇌는 이 많은 정보를 단번에 받아들이지 못한다. 어쩌면 뒤돌아서 잊어버리는 것이 자연스러운 현상인지도 모른다. 이때 읽은 책의 내용을 기억하는 가장 좋은 방법은 책을 읽으면서 출력을 하는 것이다. 그것도 반복적으로 말이다.

우선 책을 읽을 때 장별로 혹은 꼭지별로 읽은 내용을 요약한다. 머릿속으로 요약하든 손으로 쓰든, 아니면 워드 프로세서로 기록하든 읽은 내용을 요약해 보는 것이 중요하다. 머릿속에 있는 내용을 글로 정리하는 과정이 출력이다. 한 꼭지가 넘어가면 더 큰 단락에서 다시 한 번 꼭지의 내용들을 요약해 본다. 그리고 마지막으로 책 한 권의 내용을 모두 요약해 본다. 그러면 책을 읽으면서 적어도 세 번은 출력을 반복하는 셈이고 책을 그냥 읽기만 할 때에 비해 내용이 훨씬 더 오래 갈 수 있다. '절-장-부-책 전체'의 순으로 내용을 요약하다 보면 입력된 내용을 출력할 기회가 많아지고 당연히 내용이 오래 기억된다.

기억은 신경세포의 연결을 촉진하는 과정이다. 한 번 형성된 신경세포의 연결은 사용하면 할수록 연결 강도가 강화된다. 그 연결 강도를 강화하는 과정이 인출이다. 즉 입력한 내용을 다시 떠올리면 기억을 형성할 때 연결했던 신경회로가 다시 활성화된다. 그런데 간혹 입력할 때 형성됐던 신경회로가 아닌 다른 신경회로가 인출 과정에서 활성화할 수도 있고 아예 신경회로가 활성화되지 않을 수도 있다. 기억이 잘못됐거나 기억이 나지 않는 것이다.

게다가 인출된 기억이 재기억될 때 주위의 영향을 받아 변형되거나 추가돼 처음 입력한 내용과는 상당 부분 달라질 수 있다. 이렇게 기억은 쉽사리 변형되는 속성을 가졌다. 기억의 변형을 막고 오랫동안 보관되도록 하려면 인출 과정을 자주 반복하는 것이 좋다. 인출이 잦으면 잦을수록 입력 당시의 신경회로 연결이 강화되고 변형의 위험이 줄어들기 때문이다. 그러므로 책을 읽을 때는 급하게 읽기보다 내용을 음미하며 천천히 읽는 것이 좋다.

다독을 중요하게 생각하는 사람도 있을 테지만, 어쩌면 한 권의 책이라도 제대로 읽는 것이 더 중요할지도 모른다. 책의 내용을 기억하지 못한 채, 자신이 그 책을 읽었는지 아닌지 기억하지도 못한 채 무조건 많이 읽는 것만이 능사는 아니다. 뇌는 출력할 때 더 기억을 잘하는 편이다. 그러므로 책도 여유를 가지고 내용을 요약 정리하고 반추하면서 읽어야 더욱 오래 기억할 수 있다.

풍부한 상상력을 갖는 요령은?

기억은 과거가 아니라 미래를 위해 존재한다

무언가 성과를 내기 위해서는 창의적인 사고가 필요하다. 그래서인
지 우리 주위에서 창의력에 관한 이야기를 쉽게 들을 수 있다. 학교를
비롯해 거의 모든 기업이 직원들에게 창의적인 사고를 강조하고 일상
생활 속에서도 창의적인 사람이 그렇지 않은 사람보다 대접을 받는
분위기다. 창의적이라는 것은 한편으로 보면 상상력이 뛰어난 것일 수
있다. 창의력의 요소 중 하나로 다양한 아이디어를 떠올릴 수 있는 유
창성fluency이 포함되는 걸 보면 말이다. 무엇이든 풍부하게 상상할 수
있어야 좋은 아이디어도 떠오르는 법이다. 에디슨처럼 말이다.

놀랍게도 상상력은 기억과도 관계가 있다. 우리는 흔히 기억을 과

214

거를 회상하는 수단 정도로만 알고 있다. 기억이 미래를 예견하고 준비하며 계획하는 데도 바탕이 된다는 사실은 잘 알지 못한다. 일반적으로 사람들은 미래를 예상할 때 과거의 기억을 바탕으로 한다. 예를 들어 과거에 아침 러시아워 때 늦은 경험이 있으면 그것을 바탕으로 미래에는 조금 더 일찍 서둘러 집을 나서야 한다고 생각한다. 아마도 원시 시대에 특정한 길로 갔다가 맹수를 만나 죽을 뻔한 경험이 있었다면 다음에는 다른 길로 돌아가거나 맹수를 만나면 맞서 싸울 수 있는 대비를 해야 했을 것이다. 이러한 생존 본능이 장착된 두뇌가 미래를 예견하는 데 있어서 과거의 기억을 활용하는 것이다. 따라서 기억 기능에 이상이 생기면 미래를 상상하는 데도 제약이 생긴다.

2007년 런던의 연구자들은 기억 장애를 앓고 있는 다섯 명의 환자와 건강한 사람 열 명을 대상으로 한 가지 연구를 수행했다. 피험자들이 할 일은 연구진이 들려주는 짧막한 일상적 시나리오를 듣고 이에 맞춰 새로운 상상을 하는 것뿐이었다. 예컨대 "눈부시게 아름다운 햇살이 비치는 날, 열대 바닷가의 백사장에 누워 있다고 상상하라."거나 "진귀하고 다양한 물건들이 전시된 박물관 한가운데 서 있다고 상상하라."는 문장을 듣고 어떤 일들이 벌어질지 묘사를 하는 것이었다.

건강한 참가자들은 이 과제를 수행하는 데 전혀 어려움이 없었다. 백사장이나 박물관 전시실에서 일어날 수 있을 법한 이야기들을 상상력을 발휘해 연구진에게 들려주었다. 하지만 기억 장애 환자들은 새로운 경험을 상상하는 데 큰 어려움을 겪었다. 스스로 가상의 경험을 만들어 내지 못하고 단편적이며 일관성 없는 감흥만 생각해 낼 뿐이었다. 예를 들어 "바다 소리가 들린다. 손가락 사이에서 모래알의 감촉을 느낄 수 있고, 배 한 척이 울리는 뱃고동 소리도 들린다. 눈에 보이는 것이라고는 정말 파란 하늘과 흰 모래의 색깔뿐이다. 둥둥 떠 있는 듯한 기분이다." 정도다.

이는 기억 장애를 앓는 환자들이 미래에 예상되는 경험을 잘 설명할 수 없다는 것을 보여준다. 의아스러운 것은 기억 장치에 손상을 입었는데 왜 미래를 상상하는 데까지 영향이 미쳤는가 하는 것이다. 뇌과학에서 유명한 발자취를 남긴 H.M.이라는 남자의 경우 간질 치료를 위해 측두엽 안쪽에 있는 해마를 제거하는 수술을 받고 난 후 기억을 하지 못하게 됐다. H.M.은 마치 영화 〈메멘토〉에 나오는 주인공처럼 새로운 기억을 저장할 수 없어 방금 만난 사람도 기억하지 못했다. 위의 실험에 나온 기억 장애 환자 다섯 명은 모두 기억 형성에 필수적이라고 알려진 뇌 측두엽 속의 해마가 손상된 사람들이었다.

기억 기능의 저하는 빅 데이터의 손실이다

해마는 무엇인가 사건이나 감정 상태를 기억하는 데 필수적인 역할을 하는 두뇌 부위이다. 외부에서 새로 받아들인 정보들은 일단 해마에 저장된 후 잠자는 동안 대뇌 피질로 옮겨가 장기 기억으로 남는다.

마치 USB 같은 역할을 하는데 그래서 해마가 손상되면 기억을 할 수 없다. 손상된 USB에 정보를 저장할 수 없는 것처럼 말이다. 그리고 이 말은 USB 안에 유용한 데이터가 남아 있지 않다는 말과 같다.

인공 지능 시대가 열리면서 중요한 것 중 하나가 빅 데이터다. 빅 데이터가 필요한 이유는 과거의 수많은 경험치를 바탕으로 미래에 어떤 일이 일어날 것이라 예상하고 대응할 수 있게 만들기 때문이다. 그런데 해마가 손상돼 기억할 수 없고 데이터가 축적되지 못하면 데이터를 응용할 수 있는 프로그램이 제대로 작동하지 않는다. 그렇기에 해마가 손상돼 기억을 제대로 할 수 없는 사람들은 미래도 제대로 상상할 수 없다. 이는 결국 과거를 회상하는 데 사용하는 뇌 부위와 미래를 상상하는 데 사용하는 뇌 부위에 똑같은 메커니즘이 관여한다는 것을 나타낸다. 실제로 과거 사건을 회상할 때와 미래 사건을 상상할 때 활성화되는 뇌 부위를 MRI로 촬영해 보면 해마를 비롯해서 활성화되는 뇌 구조들의 네트워크가 겹쳐서 나타난다고 한다.

그런데 비단 사람만 그럴까? 산에서 참나무가 자라는 과정을 보면 동물들도 미래를 대비하기 위해 기억을 활용한다는 것을 알 수 있다. 예를 들어, 다람쥐는 도토리를 구했을 때 그것을 한꺼번에 다 먹어 버리면 먹이가 없을 때는 곤란하다는 것을 경험을 통해 기억하고 있다. 그래서 미래를 대비해 땅 속에 도토리를 묻어 둔다. 안타깝게도 다람쥐는 기억력이 그리 좋지 못해 묻어 둔 도토리를 찾지 못하는 경우가 많고 그 덕에 새로운 참나무가 자라나는 것이다.

일부 신경과학자들은 기억의 주된 기능이 아직 일어나지 않은 사건을 상상하는 것이며 기억이 재생 과정이 아니라 재구축 과정으로 진화한 것도 바로 그 때문이라고 주장한다. 과거에 실제로 있었던 일에 대한 기억을 한데 모아 미래의 사건을 가정하고 시뮬레이션 하는 것이 기억의 자전적인 기능이라는 이야기다. 이런 과정을 통해 경험하지 못한 일이 어떻게 전개될지 비교적 정확하게 예측하고 가장 적절한 대안을 선택해 행동을 취한다는 것이다.

한 가지 더 덧붙이면, 기억이 미래를 예견하는 데 도움이 된다면 과거에 대해 풍부한 기억을 가진 사람이 미래에 대해 뛰어난 상상력을 발휘할 것이라고 유추할 수 있다. 물론 이건 어디까지나 나의 유추일 뿐이지 과학적으로 검증된 사실은 아니다. 하지만 어린 시절 다양한 경험을 하고 그것들이 좋은 추억이 되면, 다른 사람보다 미래에 대해 훨씬 풍부한 상상력을 발휘할 수 있다는 생각은 그르지 않다. 그러니 내 자녀가 상상력이 풍부하고 창의적인 인재로 자라길 바란다면 다양한 경험을 심어 주는 것이 가장 쉬운 방법이다. 여행이나 놀이 등 어린 시절에 많은 경험을 할수록 성인이 된 뒤 상상력을 발휘할 가능성이 크다.

텔레파시로 사람을 움직일 수 있을까?

인간의 뇌에서는 전파가 발사된다

아주 오래 전에 〈무한도전〉이라는 프로그램에서 텔레파시만으로 일곱 명의 멤버가 같은 장소에 모이는 특집을 진행한 적이 있었다. 최종적으로는 여의도 광장에 모인 것으로 끝나긴 했지만, 그 과정이 순전히 텔레파시만을 이용했다고 보기에 무리가 있고 실험은 실패로 돌아갔다. 수많은 공상과학 영화에서 텔레파시로 사람을 조종하는 장면이 나오곤 한다. 그렇다면 인간 사이의 텔레파시는 과연 가능할까?

이미 인간의 뇌와 컴퓨터 사이의 인터페이스는 많은 시도가 이루어지고 있다. 뇌-컴퓨터 인터페이스BCI, Brain-Computer Interface라는 기술로, 뇌의 정보 처리 결과인 의사 결정을 말이나 글, 몸짓 등을 거치지 않고 뇌파를 이용해 컴퓨터 시스템의 센서로 전달해 해당 명령을 실행하게 만든다. 뇌파를 이용해 휠체어를 조종하거나 로봇의 팔을 움직여 물병에 든 물을 마시도록 하는 것이다. 이미 꽤 많은 실험이 이루어졌고 성공한 실험들도 많다. 작고한 스티븐 호킹 박사가 컴퓨터를 이용해 타인과 커뮤니케이션한 것도 뇌-컴퓨터 인터페이스에 해당한다고 할 수 있다. 이 경우, 사람의 뇌파를 수집해 컴퓨터로 전송해 프로그래밍된 행동이 이루어지는 것이다. 사람과 기계 간의 상호 작용으로 사람과 사람 간 상호 작용과는 사뭇 다르다.

한 실험에서 우리가 알고 있는 텔레파시의 개념과 흡사한 시도가 이루어졌다. 2014년 가을에 워싱턴 대학의 연구진들은 뇌와 뇌 사이의 소통을 인터넷으로 재현하는 실험을 진행했다. 연구진은 피험자들을 세 쌍의 송신자와 수신자로 분류한 후, 이들이 서로 직접 소통할 수 없도록 약 800미터 거리를 두었다. 그리고 경두개 자기 자극 장치를 이용해 피험자들의 뇌와 뇌를 연결했다. 경두개 자기 자극TMS, Transcranial Magnetic Stimulation이란 자석을 이용해 만든 자기장으로 뇌의 특정 부위를 자극해 신경세포를 활성화시키는 비수술적 뇌자극 방법 중 하나다. 자극을 주는 경두개 자기선은 송신자의 뇌 부분에 연결한다. 그리고 뇌에서 발생하는 전파 신호를 송신 장치를 이용해 수신자에게 보낸다. 수신자는 손 움직임을 조절하는 뇌 부위에 자기 자극선을 연결한다.

이 실험을 위해 송신자는 대포를 쏘는 게임을 한다. 손을 사용하지 않고 생각만으로 하는 것이다. 송신자가 머릿속으로 '쏴라'라는 생각을 하는 순간, 신호가 경두개 자기선을 타고 신호를 받는 사람에게 전달되고, 신호를 받은 사람은 순간적으로 터치 패드를 누르는 것이다. 물론 수신자의 자유 의지대로 언제든 터치 패드를 누르는 것이 아니라, 무의식적으로 손이 움직여 누르는 것이다. 실험 결과, 송신자가 신호를 보낸 지 1초도 안 돼 수신자가 터치 패드를 누르도록 만드는 데 성공했다.

아주 단순하지만 실제로 사람 사이에 텔레파시가 통할 수 있다는 것을 증명한 실험이라 할 수 있다. 사람 사이에 말이나 글, 행동이 아닌 제3의 수단으로 커뮤니케이션이 가능하다는 것을 보여주는 것이기도 하다. 물론 기계로 만들어진 송수신 장치를 이용해야 하는 한계가 있지만 말이다.

기술의 발전은 때로는 두려움을 주기도 한다

2015년 4월, 페이스북의 최고 경영자인 마크 저커버그는 페이스북으로 일반 이용자들과 질의 응답하면서 "페이스북의 미래는 텔레파시"라는 답을 내놓았다. 누군가 "미래에는 페이스북이 어떻게 될 것이냐?"라고 묻자 "당신이 어떤 것을 생각하면 즉시 다른 친구들도 그것을 경험할 수 있을 것"이라고 답한 것이다. 또한 그는 "사람들이 과거에는 글이나 사진 등을 통해 의사소통했지만 앞으로는 가상 현실을 이용할 것이며, 이후에는 우리의 감각과 감정을 원하는 방식으로 다른 이들과 나눌 수 있을 것"이라고 강조했다. 그는 이것이 '궁극적인 의사소통 기술'이라고 표현했다.

사람과 사람 사이에 텔레파시가 가능해지면 어떤 일이 벌어질까? 세상은 좋아질까, 나빠질까? 긍정적인 측면에서 생각하면 텔레파시를 좋은 목적으로 사용할 수 있을 것 같다. 예를 들어, 앞 못 보는 맹인들에게 텔레파시로 길을 알려줘서 마치 앞을 보는 것과 같은 효과를 낼 수 있을 것이다. 듣지 못하는 청각 장애인이나 말을 못하는 언어 장애인들도 텔레파시로 자연스럽게 정상인들과 대화가 가능할 것이다.

하지만 세상은 늘 긍정적인 측면만 있는 것은 아니다. 부정적인 측면에서 생각해 보면 누군가가 나를 은밀하게 조종할 수 있게 되지 않을까? 아주 강력한 텔레파시를 이용해 나의 의지와 상관없이 나를 움직여 범죄 행위에 이용할 수도 있다고 생각하면 끔찍한 일이 아닐 수 없다. 때로는 사람들이 쏘아 대는 텔레파시에 혼선이 생겨 원치 않는 일들이 일어날 수도 있지 않을까? 저 멀리 보이는 애인을 향해 텔레파시를 날렸는데 다른 남자가 다가와 웃는 얼굴로 말을 걸어온다면 어떻게 할 것인가?

어쩌면 작은 장치 하나, 혹은 그도 필요 없이 순수하게 생각만으로 타인을 움직일 수 있는 상황이 일어날지도 모른다. 아니 기술이 발전하면 반드시 그런 시대가 올 것이라고 확신한다. 그러면 공상과학 영화에서나 보던 무시무시한 상황이 일어날 수도 있다. 즉 힘 있는 독재자가 자기 마음대로 조종할 인간들을 대량으로 복제해 지구 정복에 나설 수도 있다. 그렇다면 실제로 우리 주위에 슈퍼맨이나 마블 히어로들이 필요해질지도 모른다. 기술의 발전이 인간을 편리하게 해 주는 것은 사실이지만 때로는 그만큼 무서운 일도 없다. 기술 개발에 윤리가 따라야 하는 이유도 이 때문일 것이다.

누군가 나의 꿈을 들여다본다면?

뇌를 보면 꿈의 내용을 알 수 있다?

기술의 발달은 인간의 삶을 편리하게 만들지만 섬뜩한 두려움을 느끼게 만들 때도 있다. 지금 소개하는 실험이 바로 그런 것이다. 2013년 일본 교토에 있는 국제전기통신 기초기술연구소 유키야스 가미타니Yukiyasu Kamitani 연구진은 세 명의 피험자를 MRI 스캐너에 반복해서 누인 뒤 각자 잠이 들 때마다 뇌파 활성을 기록했다. 그리고 피험자가 꿈을 꾸는 동안 그들을 깨워서 무슨 꿈을 꾸고 있는지를 물어본 후 다시 잠들도록 했다. 이런 식으로 뇌파를 기록하고 깨워서 무슨 꿈을 꿨는지를 묻는 과정을 밤새 반복했다.

연구진은 이러한 방식으로 수백 건의 꿈 이야기 자료와 그에 상응하는 뇌 활성 자료를 모았다. 그리고 피험자들이 깨어 있을 때 뇌가 활성화되는 모습을 보고 그때 어떤 이미지를 지각하는지 각 범주를 대표하는 사진들을 골랐다. 예를 들어 자동차를 볼 때는 뇌가 어떻게 활성화되는지, 남자나 여자를 보면 어떻게 활성화되는지, 가구를 볼 때는 어떻게 활성화되는지 등을 정한 것이다. 연구진은 이 모든 꿈 이야기들을 책, 차, 가구, 컴퓨터, 남자, 여자, 음식 등 꿈에 가장 자주 등장하는 스무 가지 핵심 범주로 압축했다. 그런 뒤 깨어 있는 참가자를 MRI 스캐너 안에 누인 상태에서 사진들을 보여주면서 뇌 활성을 측정했다. 만일 잘 때 활성화된 뇌 패턴과 깨어 있을 때 활성화된 뇌 패턴이 유사하다면 꿈에서도 동일한 이미지를 보고 추론이 가능한 것이다.

연구진은 이후 피험자가 잠잘 때 촬영한 MRI 영상만 보고도 그가 말하기도 전에 꿈의 내용을 상당히 정확히 예측했다. MRI 영상의 뇌 패턴을 분석해 꿈에 남자가 등장하는지 아니면 여자가 등장하는지, 책이 나오는지 침대가 나오는지, 컴퓨터가 나오는지 음식이 나오는지 비교적 정확히 알아냈다.

이 실험을 보면서 여러분은 어떤 생각이 들었는지 묻고 싶다. 나는 다소 두려움을 느꼈다. 긍정적으로 생각하면 간밤에 내가 어떤 꿈을 꿨는지 잘 생각나지 않을 때 꿈 내용을 돌이켜볼 수 있으면 재미있겠다는 생각도 들지만, 누군가 나의 꿈을 들여다보면 민망하거나 섬뜩할 것만 같다. 아무튼 일본인다운 기발한 상상이고 특이한 실험이 아닐 수 없다. 자는 사람의 뇌를 MRI로 들여다보면 무슨 꿈을 꾸고 있는지 알 수 있다는 것을 증명한 셈이니까 말이다.

빅 브라더는 실현될 수 있을까?

자세한 원리까지는 알 수 없지만 대략 유추해 보면 이렇다. 어떤 사람이 꿈을 꾸는 동안 운동 피질이 활발하게 움직이면 꿈속에서 걷거나 뛰거나 활발하게 움직이는 것일 수 있다. 운동 피질 중 어떤 부위가 활성화되는지에 따라 입인지, 손인지, 발인지 알 수 있다. 만일 사람이 꿈을 꾸는 동안 시각 피질이 활성화되면 멋진 풍경을 보거나 아름다운 그림을 보는 것일 수 있다. 만일 보상 중추가 활성화되면 꿈속에서 기분 좋은 일이 일어나는 것일 수 있다. 전대상피질이나 뇌섬엽 등이 활성화된다면 고통스러운 상황에 놓인 것일 수 있다. 물론 이러한 것들은 꿈의 내용에 따라 조금씩 달라지겠지만 연구진이 미리 분류해 놓은 자료를 비교해 보면 운동 중에서도 어떤 운동을 하는 것인지, 풍경 중에서도 어떤 풍경을 보고 있는 것인지 대략은 짐작할 수 있다.

아쉽게도 이 연구가 어디까지 진행됐는지 상황을 알 수가 없는데 다행스러운 것은 아직 완전히 완성되지는 않았다는 것이다. 꿈에 차가 등장하는 것까지는 알 수 있지만 어떤 종류의 차인지는 알 수 없다. 여자와 함께 있다면 그녀가 누구인지는 알 수 없다. 대략적으로 어떤 사람들이 등장하고 어떤 장면을 경험하고 있는지 정도만 알 뿐이다.

그렇다고 해도 누군가 나의 꿈을 들여다보고 내용을 짐작할 수 있다는 것은 기분이 썩 좋은 일은 아니다. 지금은 비록 기술의 한계 탓에 꿈의 내용을 정확히 알 수는 없지만 기술이 더욱 발달하면 지금보다 훨씬 정교하게 꿈 내용을 알게 될 것이다. 차가 등장했다면 택시인지 버스인지, 자가용이라면 어떤 종류의 자가용인지, 사람을 상대하고 있다면 그와 무엇을 하는지, 운동을 한다면 어떤 운동을 하는지를 말이다.

기술이 더 발달해 언어 중추를 해석할 수 있으면 꿈속에서 주고받는 대화까지 해석 가능한 경지에 이를지도 모른다. 그렇다면 그야말로 빅 브라더Big Brother의 시대가 오는 것 아닐까? 물론 꿈은 깨어 있을 때 받아들인 정보를 처리하는 과정이고 현실과 상당히 괴리된 내용들이 나타나기에 그것으로 개인의 사생활을 엿볼 수는 없겠지만 적어도 그 사람의 심리 상태 정도는 짐작할 수 있지 않을까?

과연 이런 세상이 올까? 그렇다면 개인의 비밀은 보장될 수 있을까? 범죄자들은 틀림없이 꿈 분석의 대상이 될 것이다. 정신 건강 의학과에서도 치료 목적으로 환자의 꿈을 들여다볼 것이다. 다른 사람에게 얘기할 수 있는 꿈도 있지만 자신만 알고 싶은 은밀한 꿈도 있을 수 있는데, 누군가 꿈을 들여다본다면 기분이 좋을 리 없다. 세상에는 발전해서 좋은 것도 있지만 좋지 않은 것도 있다. 적어도 잠자는 동안 꾸는 꿈만은 비밀스럽게 간직하고 사는 게 좋지 않을까?

PART 6

뇌를 알면
세상과 사람을 잘 이해할 수 있다

남매는 왜 사이가 나쁠까?

모든 동물에게는 근친 감지 시스템이 자동 장착된다

사람은 타인과 끊임없이 영향을 주고받으며 살아간다. 가장 기본이라 할 수 있는 가족 구성원들은 물론이고 친구, 이웃, 일터에서 만난 동료, 사업이나 육아, 취미 등 공동의 목적으로 만난 사람에 이르기까지 인간의 삶은 누군가에게 영향을 주고 누군가로부터 영향을 받는 관계의 연속으로 이루어진다. 그러다 보니 더 원만한 사회적 관계를 이루는 것이 삶에서의 행복감을 높이는 데 큰 영향을 미친다. 따라서 사람과의 관계, 즉 사람과 사람 사이에 어떤 영향을 주고받는지를 뇌의 관점에서 살펴보는 것도 꽤 유익한 학습일 것 같다.

재미있는 실험을 소개하는 것으로 시작해 보자. 마이애미 대학의 심리학자 데브라 리버만Debra Lieberman과 캘리포니아 주립대학 인류학과의 엘리자베스 필스워스Elizabeth G. Pillsworth 교수 등은 가까운 유전적 친척 관계에 있는 사람들이 성적인 파트너로서 서로를 피하는 경향이 있다는 데에 관심을 가지고 연구를 시작했다. 동물이 가임기에 수컷 친족과의 상호 작용을 피해 근친 교배를 막으려 한다는 연구가 있지만 사람에 대해 이러한 연구가 이루어지지는 않았다.

이들은 수개월에 걸쳐 여대생들이 누구와 얼마나 자주 문자나 전화를 하는지 분석했다. 여대생들의 임신 확률이 높은 가임기와 그렇지 않은 평소의 통화 내역을 비교해 보니 유독 아버지와의 통화 패턴만 달라졌다. 가임기가 가까워질수록 여대생들은 아버지와 거리를 두고 통화 빈도와 시간을 서서히 줄이다가 가임기가 지나면 다시 정상 패턴으로 돌아갔다.

가임기가 되면 딸이 무의식적으로 아버지를 피한다니 재미있는 연구 결과이다. 생각만으로도 끔찍한 일이지만 알고 보면 인류의 역사 속에서 근친 관계가 가장 많이 발생한 사이가 아버지와 딸 사이다. 위의 실험이 끝난 후에 여학생들에게 실험 결과를 설명해 주면 여학생들은 연구자들을 마치 이상한 사람처럼 쳐다보거나 연구 내용을 믿지 않으려 했다. 그들의 행위 자체가 무의식적으로 이루어진 것이므로 스스로도 그 사실을 인지하지 못했기 때문이다. 가임기에 가까워지면 여대생들의 뇌에서는 아버지를 조심하라는 경고 시스템이 울린다. 물론

이 경고 시스템은 여대생 스스로도 모르게 자동화된 것인데 이미 유전자에 프로그래밍 해서 뇌에 장착돼 있기 때문이다.

근친 관계에서 태어난 자식들은 유전적 돌연변이의 가능성이 높고 생식 능력의 상실로 후손을 남기는 데 어려움을 겪을 수 있다. 그래서 고대로부터 혈통이 끊기는 것을 막기 위해 모든 문화권에서 친인척 간의 성관계는 금기시해 왔다. 일본의 고대 의례집인《엔기시키延喜式》에는 '어머니의 딸을 범한 죄'를 금하는 관습법이 있다고 한다. 인간이 아닌 다른 종들조차 가임기에는 같은 배에서 태어난 수컷을 피하는 행동을 한다. 더욱 우월한 종을 남기고 번식해야 하는 진화의 관점에서 이는 중요한 과제였기에 '근친 감지 시스템'이 자동적으로 장착된 것이다.

그런데 근친이라는 것을 뇌는 어떻게 알까? 어떤 근거가 근친이라는 판단을 내리도록 만들까? 앞서 연구를 수행한 리버만과 존 투비John Tooby 등에 따르면 근친 관계를 막기 위한 단서는 유아기 때 함께 보낸 시간의 양이라고 한다. 서로 유아기에 오랜 시간을 함께하고 얼굴을 익힌 사람들은 근친일 가능성이 높으므로 성적인 관계를 맺어서는 안 된다는 근친 감지 시스템이 자동으로 세팅된다는 것이다. 여대생들의 경우 태어났을 때부터 그 누구보다 많은 시간을 함께한 사람이 아버지이기 때문에 가임기에 아버지와의 커뮤니케이션이 자연스럽게 줄어드는 셈이다.

남매 사이가 좋지 않은 게 오히려 다행일지 모른다

이런 논리로 보면 남매 사이가 어렴풋이 이해되는 것 같기도 하다. 우리 집 큰아이와 작은아이도 마찬가지지만 일반적으로 어릴 때는 남매 사이가 아주 좋다. 하지만 사춘기를 지나면서부터 마치 '소 닭 보듯'하거나 심지어는 원수처럼 사이가 틀어진다. 서로 못 잡아먹어 안달인 집이 많다. 그러다가 각자 결혼하고 배우자가 생기면 그제야 핏줄의 중요성을 알고 다시 가까워진다. 부모 입장에서는 남매가 사이좋게 지내면 좋으련만 늘 투덕거리고 싸워 대면 근심이 이만저만이 아닐 것이다.

하지만 이는 어쩌면 유전적으로 프로그래밍이 된 결과인지도 모른다. 인간은 이성적인 존재라고 하지만 대다수 행동의 바탕에는 생존과 번식이라는 동물적 본능이 깔려 있다. 인간은 수십만 년을 두고 진화해 오면서 번식에 유리한 유전적 기제들을 발전시켜 왔는데 그 중 하나가 근친상간을 막는 방어기제이다. 만일 사춘기가 지나서도 남매 사이가 어릴 때처럼 좋다면 어떻게 될까? 우리 아이들은 어린 시절에 수시로 껴안고 뽀뽀하곤 했는데 만일 사춘기가 지나서도 그런 행동을 계속한다면? 서로를 보았을 때 마치 마음에 드는 이성을 만났을 때처럼 불꽃이 일고 뇌 안에서 쾌락 중추가 활성화된다면 어떻게 될까?

사춘기에는 이성에 대한 관심이 가장 지대한 시기이다. 성적 욕망이 폭발하는 시기이기도 하다. 그런데 이때 남매 사이에 서로 이성에 대한 관심이 생긴다면 생각하기도 끔찍한 일이 일어날 수 있다. 여기서 한 발 더 나아가 남자들에게는 긍정 오류라는 것이 있다. 여자들이 조금만 친절하고 상냥하게 대하거나 미소를 지어 주면 '저 여자가 날 좋아하나 봐.' 하고 착각하는 것을 말한다. 만일 남매 사이에서 누나나 여동생이 남동생이나 오빠에게 친절하고 상냥하게 대하고 여성으로서의 매력을 뿜낸다면 남자들은 긍정 오류에 빠져 넘어서는 안 될 선을 넘을지도 모른다.

남매 사이에서 이러한 잘못을 방지하고자 사춘기가 지나면서부터는 서로 어색해지고 사이가 벌어지는 것 아닐까 한다. '너희들은 절대 가까워질 수 없는 사이니까 애초부터 서로에게 호감을 가질 생각도 마!' 하는 의미에서 말이다. 가임기의 여성들이 평소에는 가깝게 지내던 아버지와도 무의식적으로 거리를 둔다는 사실을 보면 남매 사이에서도 충분히 가능한 이야기가 아닐까 싶다.

남매는 유아기부터 가장 많은 시간을 함께하므로 이것만으로도 혈연관계라는 것을 파악하고 근친 관계를 막을 수 있다는 생각이 든다. 실제로 이스라엘의 키부츠에서는 남매가 아닌 남녀 어린이들이 어려서부터 함께 생활하지만 놀랍게도 성인이 돼 결혼하는 경우는 극히 드물다고 한다. 어려서부터 같이 지낸 시간이 많다 보니 '혹시나...' 하는 방어기제가 발동해 상대방에게 성적 호감을 느끼지 못한다는 것이다.

남매간의 불화는 아직 연구된 바 없고 그저 내 생각일 뿐이다. 하지만 부모 입장에서 서로 못 잡아먹어서 안달인 남매를 볼 때마다 한숨 짓기보다는, 있어서는 안 될 불상사를 막기 위한 방어기제의 작동이라고 생각하면 조금 마음이 편안해지지 않을까 싶다. 그렇다 해도 성인이 돼 각자 가정을 꾸리고 나면 돈독한 사이로 돌아오니 말이다.

직업이 정직성에 영향을 미칠까?

정직성은 직업에 따라 달라질 수 있다

변호사와 회계사 중 누가 더 정직할까? 의사와 교수 중에는 누가 더 정직할까? 일반 직장인과 자영업자 중 누가 더 정직할까? LH공사에 근무하는 직원들 중에 정직한 사람이 있을까? 이런 질문을 던지면 우문처럼 여겨질 것이다. 단정 지어 말할 수 없기 때문이다. 만일 사람들에게 자신이 정직한지 정직하지 않은지 물으면 대부분은 정직하다고 답할 것이다. 그 누구도 주위 사람들로부터 정직하지 못한 사람으로 취급받고 싶지는 않을 테니 말이다. 하지만 정직성이라는 것조차 때로는 무의식의 영향을 받는다. 특히나 직업은 정직성에 영향을 미칠 수 있다고 한다.

노벨 경제학상을 받은 조지 애커로프George Akerlof와 레이첼 크랜톤Rachel Kranton은 128명의 금융인을 모집한 후 무작위로 두 그룹으로 나누었다. 그 후 한 집단에는 "어떤 금융 기관에서 일하시나요?", "당신이 하는 일은 무엇인가요?" 등 직업에 관한 질문들을 던졌다. 질문을 받은 사람은 자신의 업무를 떠올렸고 금융인으로서 자신을 되새겼다. 반면 또 다른 집단에는 "텔레비전을 얼마나 자주 보시나요?", "좋아하는 티셔츠 색깔은 무엇인가요?" 등 직무와 전혀 관련 없는 질문들을 던졌다. 이런 질문을 받은 사람은 자신이 금융인이라는 사실을 잠시 잊었다.

그런 다음 이들에게 빈 방에 혼자 들어가 동전을 열 번 던져 뒷면이 나오면 그때마다 20달러의 상금을 주겠다고 했다. 뒷면이 나오는 숫자가 커질수록 상금 규모도 커지는데 그 숫자는 전적으로 피험자들의 말에 따랐다. 그렇기에 피험자들이 실제보다 동전의 뒷면이 나온 숫자를 부풀려 말해도 사실인지 아닌지 확인할 방법은 없었다. 다만 동전의 앞면과 뒷면이 나올 확률은 각각 50%이므로 전체 평균을 내면 뒷면이 나온 확률은 50% 정도여야 한다. 만일 이 숫자가 50%를 훌쩍 넘어가면 피험자들이 거짓말하고 있는 것이라고 판단할 수 있다.

실험 결과는 인상적이었다. 직무와 무관하게 일상적인 질문을 받았던 피험자들이 말한 뒷면의 횟수는 50%를 밑돌았다. 반면에 금융인이라는 직업을 상기할 수 있는 질문을 받았던 피험자들이 말한 뒷면의 횟수는 평균 58%였다. 누가 봐도 명백하게 거짓말을 한 셈이었다.

연구진은 피험자들에게 '최고가 되는 것'이 어느 정도 중요하다고 생각하는지 물었다. 그러자 두 집단의 대답은 다르지 않았다. 경쟁 때문에 거짓말한 것은 아닌 것이다. 연구진은 이번에는 "당신의 사회적 지위가 본질적으로 돈에 따라 좌우된다고 생각합니까?"라는 질문을 던졌다. 그러자 금융인으로서 직무를 상기할 수 있는 질문을 받았던 그룹이 "그렇다."고 답한 비율이 더 높았다. 연구진은 결국 돈이 자신의 능력을 입증하는 중요한 수단이라는 믿음이 거짓말하게 된 원인이라는 결론을 내렸다. 뒷면이 나온 횟수를 부풀린 사람일수록 돈을 중시하는 사람이라는 것이다.

우리는 과연 정직할까?

실험 내용만 놓고 보면 뇌과학보다는 심리학이나 행동경제학에 가까울 테지만, 이를 소개하는 이유는 개인이 속한 집단에 대한 외부의 시선이 사람의 행동을 어떻게 바꿀 수 있는지 한 번쯤 돌이켜 보기 위해서다. 연구자들은 금융인 외에 다른 직종에 종사하는 사람들을 대상으로도 동일한 실험을 진행했다. 그 결과 정직성의 차이를 밝히지 못했다. 예를 들어 엔지니어들을 대상으로 직업에 관한 질문을 던진 후 동전을 던지게 하고, 직업과 상관없는 일반적인 질문을 던진 후 동전을 던지게 하면 어느 집단이든 50%에 가까운 확률로 답한다. 그들의 성과는 돈과 직접 관련된 것이 아니므로 거짓말할 이유가 없는 것이다. 반면 금융인들은 돈이 중요한 결과물 중 하나이다. 능력이 많은 사람은 투자 활동을 통해 많은 돈을 벌어들이지만 능력이 부족한 사람은 많은 돈을 벌기 어렵다. 금융인 중 누군가가 투자를 통해서 큰돈을 벌었다고 하면 그는 능력 있다고 인정받을 것이다. 그렇기 때문에 돈을 중시하는 것일 뿐 본질적으로 정직에서 벗어난 사람들은 아니라는 것이다.

개인의 성품보다는 직업적인 정체성이 정직에 영향을 미쳤다는 내용인데, 이를 읽으면서 검사들이나 정치인들에게 이 실험을 해 보면 어떤 결과가 나올까 궁금했다. 그들은 거짓말을 할까? 검사나 정치인들이 만들어 내는 결과물은 돈이 아니다. 그들의 결과물은 돈과는 전혀 상관이 없다. 그러므로 그들이 동전을 던지면 뒷면이 나올 확률은 50%에 가까울 것이다. 크게 신뢰가 가지는 않지만 이론적으로는 그렇다.

두 번째로 만일 이 두 집단에 돈이 아닌 '권력'을 떠올릴 수 있는 실험을 한다면 어떻게 될까 궁금했다. 예를 들어 동전을 던져 뒷면이 나왔을 때 보상으로 20달러를 주는 것이 아니라 어떤 형태로든 권력이 한 단계 높아지고 그 권력을 다른 피험자들에게 발휘할 수 있는 기회가 주어진다면 돈으로 보상했을 때와 같은 결과가 나올까? 그렇지 않으리라 본다. 검찰이나 정치인이라고 하면 권력에 가장 가까이 있는 사람들이다. 그들이 만들어 내는 결과물이나 사람들이 그들을 바라보는 시선이 권력이 아님에도 불구하고, 사회적 먹이사슬의 최정상에 있는 이들이 권력을 그 무엇보다 중요시할 것은 불을 보듯 뻔하다. 그러니 보상으로 권력을 제시했을 때 거짓의 비율은 폭발적으로 늘어날 것으로 여겨진다.

개인이 무언가를 선택하는 행위는 금전적 이득에 따라 조종되지만 각자의 정체성에 따라서도 조종된다. 이 실험 내용을 보면서 스스로를 한 번 돌아보길 바란다. 나는 정말 정직한가? 특히 직업과 관련해 정직한가? 업이 추구하는 고유의 목적 외에 다른 목적을 가지고 있지는 않은가 말이다.

부모가 술을 자주 마시면 아이는 술에 관대해진다

아이는 어른의 거울이다

아이가 하는 행동을 보면 평소 어른이 어떻게 행동했는지 알 수 있다. 할머니나 할아버지 손에서 자란 아이들은 뒷짐을 짓고 걷는가 하면 부모가 책을 읽는 모습을 보며 자란 아이들은 책을 좋아한다. 따라서 자식을 키우는 부모들은 어느 정도의 두려움을 안고 살아야 한다.

예일 대학의 데릭 라이온스Derek E. Lyons와 앤드류 영Andrew G. Young 등은 《미국 국립과학 아카데미회보》에 실린 〈과잉 모방의 숨겨진 구조 The Hidden Structure of Over-imitation〉라는 논문에서 인간의 가장 강력한 학습 전략 중 하나인 모방이 가진 위험성을 이야기했다. 연구진은 어린아이들에게 이상한 장치가 여러 개 달린 '퍼즐 상자'에서 물건 한 가지를 찾아오라는 과제를 냈다. 퍼즐 상자에서 물건을 찾아오라는 것뿐이었고 찾아오라고 한 물건도 명확했다. 아이들은 무엇을 해야 하는지 분명히 이해할 수 있었다.

이때 어른 한 명이 미리 물건을 찾아오는 시범을 보이고 아이들이 그것을 따라하도록 했다. 그런데 시범을 보이는 어른은 정해진 각본에 따라 퍼즐 상자에 달린 이상한 장치를 잡아당기거나 눌러 보는 등 물건을 찾는 것과 전혀 관련 없는 행동을 했다. 이어서 아이들에게 퍼즐 상자 안에 있는 물건을 찾아오라고 하자 아이들은 물건만 찾아서 돌아오면 되는데도 불구하고 어른이 했던 행동을 똑같이 따라했다. 이상한 장치를 잡아당기거나 눌러 본 것이다.

연구진은 똑같은 실험을 침팬지를 대상으로도 실시했다. 역시 인간 어른이 물건을 가져오는 시범을 보이고 침팬지에게 같은 물건을 가져오라고 시킨 것이다. 그러자 침팬지는 어른의 행동은 따라하지 않고 지시받은 물건만 한 번에 찾아왔다. 연구자들은 이런 성향이 단순히 사회 역학 관계에서 비롯된 것이 아니라 인간이 뭔가를 학습할 때 반드시 거치는 인지 부호화 과정이라고 보았다.

모방은 훌륭한 학습 도구이다. 창의력을 키우는 수단 중 하나도 모방이다. 월마트의 창업자 샘 월튼은 자신이 한 일의 대부분은 다른 사람을 모방한 것이라고 말했고, 피카소는 "좋은 예술가는 모방하고, 위대한 예술가는 훔친다."라는 말을 남겼다. 그만큼 모방은 뛰어난 학습

수단이다. 심리학자인 앨버트 반두라Albert Bandura는 어린아이를 홀로 방에 앉혀 두고 어른이 광대 인형을 마구 때리는 영상을 보여주었다. 그런 후 아이를 인형이 있는 방으로 들여보내자 아이는 무턱대고 인형을 때리기 시작했다. 특히나 아이가 본 영상에서 어른이 인형을 때리고 무언가 보상을 받는 장면을 본 후에는 아이가 인형을 난폭하게 다룰 가능성이 훨씬 높아졌다.

거울 뉴런이 과잉 모방을 만든다

인간의 뇌에는 거울 뉴런이라는 것이 있다. 흔히들 거울 뉴런을 공감을 형성하는 데 있어 필수적인 두뇌 부위로 알고 있지만 사실 거울 뉴런의 가장 기본적인 역할은 모방이다. 이로 인해 인간의 뇌는 따라하기를 좋아한다. 대개의 모방 행위는 무의식적으로 이루어진다. 아기들을 안고 혀를 내밀면 아기들은 아무것도 모른 채 혀를 내민다. 그렇게 어른들의 행동을 모방하는 이유는 생존에 필요한 지식과 기술들을 습득해 나가기 위해서이다. 어른들은 아이들의 입장에서 보면 강한 존재이므로 그들을 따라하는 것은 생존 가능성을 높이는 행위이기 때문이다. 그런데 모방이 지나치면, 즉 과잉 모방이 되면 모방을 통해 학습하는 뇌의 능력에 오히려 장애가 될 수 있다.

앞선 실험 내용은 과잉 모방에 관한 것이다. 아이들은 어른이 물건을 찾아오며 이상한 물건을 잡아당기고 누르는 모습을 보면서 그 행동이 불필요하다고 여기기보다는 의미 있는 행동으로 받아들인 것이다. 따라서 그것을 부호화해 기억에 저장해 생존 가능성을 높이려는 본능이 발동된 것이다. 연구진은 "인간은 무의식적으로 인과 관계를 만들어 내는 부호화 과정의 영향을 받으므로 아이들은 불분명한 물리적 시스템을 대할 때에도 신속히 인과 관계를 만들어 내는 방식으로 대응했다. 그러나 이런 행동에는 반드시 대가가 따르기 마련이다. 어른이 일부러 했던 행동 중에는 눈에 뻔히 보이는 불필요한 행동도 있었다. 그런데도 아이들은 그런 행동조차 의미 있는 행동으로 잘못 처리하기 일쑤였다."고 말한다.

아이들은 모방을 학습의 도구로 삼는 탓에 어른의 행동 중 의미 있는 것과 의미 없는 것을 구분할 수 없다. 그러므로 그들의 입장에서는 무조건 어른들의 행동을 따라하는 것이 유리할 수 있다. 문제는 학습에서의 부호화 과정에서 아무 의미 없는 행동을 의미 있는 행동으로 받아들여 잘못 처리할 수도 있으며, 잘못 부호화된 내용은 효과가 아주 강력해서 깨뜨리기가 아주 힘들다는 것이다. 어른들의 잘못된 행동을 보고 따라한 행동이 습관이나 당연히 해야 하는 행동으로 잘못 인식되면 고치기 어렵다는 것이다.

아이들은 자신보다 강자인 어른의 행동을 보고 모방하면서 사회의 일원으로 성장하고자 한다. 술을 많이 마시는 부모를 보고 자란 아이는 알코올에 관대해지는 성향이 있다고 한다. 흡연도 마찬가지다. 그러므로 아이들을 올바르게 키우려면 '아이'라는 거울에 비춰지는 '어른'의 모습부터 올바르도록 해야 한다. 아이를 키우는 일은 생각보다 두려운 일인지 모른다.

공정함이 무너지면 인간은 분노를 느낀다

불공정은 원숭이도 화나게 한다

요즘 우리 사회의 화두 중 하나는 공정성인 듯하다. LH공사 직원들의 그야말로 한심하기 짝이 없는 비리 행위가 국민을 분노하게 만들었다. 게다가 잘못을 반성하기는커녕 오히려 국민을 조롱하고 갑질을 일삼는 행태가 드러나면서 분노는 더욱 커졌다. 깊이 들어갈수록 더욱 많은 비리가 쏟아져 나오는 것을 보며 허탈함을 감출 수 없다. 그에 따라 지지하던 정권에 등을 돌리기도 하고 온갖 비난과 비아냥거림으로 정권을 놀리는 일도 잦아졌다. 그도 그럴 것이 정부가 내세운 최대의 화두 중 하나가 '공정한 사회'였기 때문이다.

왜 그런 일이 일어날까? 기본적으로 인간은 공정함을 추구하는 존재다. 공정함이란 적어도 같은 위치에 있는 사람들 사이에서는 차별 받고 싶지 않은 감정을 말한다. 내가 수험생이라고 하면 누군가는 부모 덕분에 좋은 대학을 가고, 나는 그렇지 못해서 죽어라 고생해서 대학을 가는 것이 아니라 누구든 공정한 기회를 부여받고 공정한 평가를 통해 공정한 결과를 얻을 수 있길 바라는 심정이 공정함이다. 사위가 검찰총장이라고 해서 벌 받을 일도 유야무야 넘어가는 것이 아니라 누구든 죄가 있으면 법에 따라 처벌받는 것이 공정한 것이다.

인간은 공정함을 매우 중요하게 여긴다. 미국의 심리학자인 에이브러햄 매슬로Abraham Maslow는 욕구의 5단계 중 가장 하위 단계가 의식주 등 생존의 본능이라 했다. 이와 거의 유사한 수준으로 인간은 공정함을 중요하게 생각한다. 진화심리학의 관점에서 보면, 아마도 원시 시대에 공동으로 잡은 사냥감을 분배하는 과정에서 몫을 공정하지 않게 받으면 생존에 어려움을 겪었기 때문이 아닐까 싶다. 그래서 공정한 대우를 받으면 보상 중추가 활성화되고 쾌감을 느끼지만, 공정하지 못한 대우를 받으면 심리적인 고통을 느끼고 스트레스 반응을 일으킨다. 공정하지 못한 대우를 받으면 사기가 꺾이고 온갖 부정적인 감정에 사로잡힌다. 공정함을 추구하는 감정은 심지어 원숭이들에게서도 동일하게 나타난다.

맥스 플랭크 진화인류학연구소의 진화생물학자인 키스 젠슨Keith Jensen은 꼬리감는원숭이capuchin monkeys를 대상으로 한 가지 실험을 했다.

원숭이들이 서로의 상태를 확인할 수 있도록 인접한 우리 안에 가둔 후, 원숭이가 바닥에서 조약돌을 주워 연구원의 손에 건네주면 오이 조각을 주는 훈련을 반복했다. 주변의 원숭이들이 오이를 받는 모습을 지켜본 원숭이들은 자신도 오이를 받을 것이란 기대감에 즐겁게 조약돌과 오이를 교환했다.

이런 훈련을 몇 차례 반복한 후 연구팀은 실험에 살짝 변화를 주었다. 일부 원숭이에게는 그대로 오이를 주었지만 몇몇 원숭이에게는 오이 대신 단맛이 더 강한 포도를 주었다. 원숭이 입장에서는 당연히 오이보다는 포도가 더 맛있으니 포도를 받고 싶었을 것이다. 다른 원숭이가 포도를 받는 것을 본 원숭이는 몸을 돌려서 오이를 받지 않으려는 모습을 보였다. 일부 원숭이는 연구원에게 오이를 빼앗아 던지거나 땅바닥에 내팽개치기도 했다. 분노의 감정을 여과 없이 드러낸 것이다. 특히 이러한 행동은 아무것도 하지 않고 빈둥대던 게으른 원숭이가 맛있는 포도를 받는 모습을 볼 때 더욱 심해졌다.

공정은 인간관계를 원만하게 이끄는 힘이다

에모리 대학Emory University의 캐런 해그배트Karen Hegtvedt와 케이틀린 킬리언Caitlin Killian은 다른 실험을 고안했는데, 피험자를 모집한 후 각 팀에 뒤죽박죽이 된 철자를 보여준 뒤 올바른 철자를 찾아내라는 과제를 냈다. 예를 들어 'OGESO'라는 철자를 보고 'GOOSE'라는 올바른 철자를 찾아내는 것이었다. 연구자들은 피험자들이 올바른 단어를 맞힌 성적에 따라 상금을 지불했는데, 개개인이 아닌 팀 전체의 성적을 바탕으로 상금을 지불했다.

팀으로 상금을 받은 사람들은 그 상금을 어떻게 나누어야 할지 고민하지 않을 수 없었다. 팀원들 중에는 다른 사람보다 높은 점수를 획득해 전체 상금 액수를 높이는 데 기여한 사람이 있는가 하면, 반대로 낮은 점수를 획득해 점수를 까먹은 사람도 있었다. 이때 어떤 사람들은 결과에 상관없이 상금을 공평하게 인원수로 배분할 것을 주장했고 어떤 사람들은 기여도, 즉 각자의 점수에 따라 상금을 나누자고 주장했다. 이 실험에서 팀원들이 실제로 나누어 가진 액수에 상관없이 분배 절차가 공정했다고 믿은 사람들은 그렇지 않은 사람들보다 결과를 더욱 긍정적으로 받아들였다.

자신이 공정하게 대우받고 있다고 느끼면 뇌에서는 보상 중추인 선조체가 활성화되고 쾌감을 느끼는 신경전달물질인 도파민이 충분히 분비된다. 또한 마음을 평온하고 기분 좋게 만드는 세로토닌과 긍정적이고 관계 지향적인 감정을 느끼게 만드는 옥시토신의 분비도 늘어난다. 이 상태에서는 감정 중추인 변연계가 평온함을 되찾아 상대방에게 신뢰감을 느끼고 호감도가 증가하는 등 기분 좋은 상태가 되며 사소한 잘못도 너그럽게 받아들일 수 있는 관대함이 생긴다. 나아가 동료들의 업무에 관심을 기울이고 협조해 조직의 성과 창출에 기여할 가능성이 높아진다.

　반면에 자신이 부당한 대우를 받고 있다고 여기면 상황은 반대가 된다. 도파민이나 세로토닌, 옥시토신 분비는 줄어들고 편도체가 활성화돼 코르티솔과 같은 스트레스 호르몬의 분비가 증가한다. 부정적인 감정 상태에 빠지고 불공정한 상대방에 대해 적대감이 높아진다. 특히나 그가 특별한 이유 없이 총애를 받는다고 느끼면 더욱 그렇다. 동료의 일에는 관심이 없고 협조할 마음도 생기지 않는다. 또한 불공정하다는 느낌에 두뇌 에너지를 많이 소모해서 화가 나거나 격양된 감정을 조절하는 능력이 저하된다. 잦은 짜증이나 신경질로 말미암아 타인에게까지 부정적 감정을 전염시킬 가능성이 높다. 또한 사고력이나 집중력, 판단력 등이 떨어지고 창의적인 사고를 할 수 없게 된다.

　이는 모든 인간관계에 똑같이 적용된다. 리더가 팀원들 중 일부만 마음에 들어 하거나, 부모가 자녀들 중 특별히 한 사람만 더 아끼거나, 친구들 중에서 하나에게 티 나게 잘해 준다면 그런 대우를 받지 못하는 사람들은 섭섭함과 부정적인 감정을 느낀다. 그러므로 사람과 사람이 가장 원만하게 지내는 방법은 모든 사람을 공정하게 대하는 것이다. 단, '공정'과 '공평'은 다르다. 팀이 좋은 성과를 내서 1000만 원의 인센티브를 받았다고 해 보자. 이것을 인원수대로 나누는 것은 '공평'한 것이지만 '공정'한 것은 아니다. 성과에 대한 기여도를 따져서 누구나 납득할 수 있는 기준대로 차별 지급한다면 이건 '공정한 것'이다.

광고 문구를 믿으면 안 되는 이유

표현에 따라 선택이 달라질 수 있다

홍보나 마케팅은 '누군가에게 나의 물건을 구매하게 영향을 미치는 행위'라고 할 수 있다. 자본주의가 발달하면서 우리 주위에는 무언가를 만들어 내는 사람들이 부지기수로 늘고 있다. 비단 눈에 보이는 물질뿐 아니라 눈에 보이지 않는 지식이나 노하우까지 말이다. 그러다 보니 비슷한 물건 혹은 비슷한 지식을 파는 사람들이 많아졌고 자신이 가진 것을 팔기 위한 노력도 치열해지고 있다. 그런데 이러한 마케팅에도 트릭이 숨어 있다

누구나 알고 있는 "맛있으면 0칼로리"라는 문구가 바로 그런 것이다. 실제로 그 음식의 칼로리가 0일리는 없다. 분명 칼로리는 높지만

그대로 밝히면 다이어트를 하거나 체중에 신경을 쓰는 등 건강에 민감한 소비자에게는 안 팔릴 게 분명하다. 따라서 비록 '칼로리는 높지만 맛있으니까 칼로리 걱정은 하지 말고 먹어라'라는 메시지를 전달하는 것이다. 심각하게 말하면 소비자를 현혹하는 말일 수 있다. 안타깝게도 세상은 이처럼 현혹하는 문구들로 가득 차 있다.

뉴로마케팅의 아버지라고 불리는 데이비드 루이스는 광고에 사용되는 단어나 이미지가 소비자의 선택에 어떻게 영향을 미치는지 알아보기 위한 실험을 진행했다. 그는 피험자들을 모아 두 집단으로 나눈 후 똑같은 조리법으로 만든 저지방 당근 케이크를 상표만 다르게 붙여서 나누어 줬다. 첫 번째 상표에는 건강에 유익한 제품임을 암시하기 위해 아름다운 전원의 경치가 그려진 그림을 삽입하고 다음과 같은 문구를 집어넣었다.

금방 간 당근, 햇빛에 잘 건조한 건포도, 고소한 피칸과 상큼한 향료, 갓 낳은 달걀을 넣어 만든 저지방 당근 케이크입니다. 100그램당 370칼로리의 유기농 당근 케이크, 당신의 건강에 더 유익한 제품을 선택하세요.

두 번째 상표에는 저지방이라는 문구를 사용하지 않고 케이크의 맛에만 초점을 맞추었다.

입맛을 당기는 당근 케이크를 푸짐하게 한 조각 잘라 드세요. 부드러운 치즈와 흑설탕, 달걀과 피칸을 넣고 고운 슈거 파우더를 뿌려 얄미울 정도로 맛있습니다. 100그램당 370칼로리의 달콤하고 뿌리칠 수 없는 맛.

보는 것처럼 두 제품의 열량은 동일했고 거짓 정보도 없었다. 차이가 있다면, 첫 번째 제품은 '건강에 유익한 식품'으로 분류할 수 있도록 만들어졌고, 두 번째 제품은 '맛있는 입맛을 만족시키는 제품'으로 분류하도록 만들어졌다는 것이다. 동일한 제품임에도 불구하고 실험 결과는 매우 흥미로웠다. 건강에 좋은 저지방이라고 명시한 케이크를 받은 집단이 지방 함량을 밝히지 않고 맛있다고 표현한 케이크를 받은 집단에 비해 케이크를 40%나 더 먹은 것이다.

'아' 다르고 '어' 다르다는 말처럼 같은 제품도 어떻게 표현하느냐에 따라 소비자의 선택이 크게 달라질 수 있다. 동일한 케이크를 '저지방'이라는 문구 하나로 40%나 더 많이 섭취하도록 만든 것은 단어가 소비자의 선택에 미치는 영향력이 적지 않음을 잘 보여준다.

뇌는 자신도 모르는 사이에 조종당한다

맛있는 케이크를 보면 뇌의 보상 중추 중 하나인 측좌핵이 활성화된다. 달콤한 케이크를 먹고 도파민이 분비되면 기분이 좋아지는 것을 경험적으로 알기 때문이다. 하지만 이때 행동에 브레이크를 거는 것이 이성적으로 감정을 제어하는 전전두엽이다. 달콤한 케이크를 먹으면 기분이 좋아질 것은 잘 알지만 무턱대고 케이크를 먹으면 열량이 높아 살이 찔 것이 분명하다. 따라서 살찌지 않을 만큼만 적당히 먹으라는 지령을 내린다. 하지만 '저지방'이라는 문구를 보면 생각이 달라질 수 있다. '지방이 적게 들어갔다고? 다른 케이크보다 열량이 적으니 조금 더 먹어도 살이 찌지 않겠네'라는 생각이 든다.

세제 광고를 떠올려 보자. "때를 잘 빼 준다"는 표현과 "때가 쏙 빠진다"는 표현 중 어느 표현이 더 소비자의 선택을 부추길까? "때를 잘 빼 준다"는 문구는 빨래가 끝난 후에도 남아 있는 때가 있을 것 같다. 반면 "때가 쏙 빠진다"는 문구는 빨래가 끝난 후 남아 있는 때가 전혀 없을 것 같다. 그러므로 소비자들은 당연히 "때가 쏙 빠진다"는 표현을 한 제품에 관심이 끌릴 것이다.

요즘 인스타그램이나 페이스북 같은 SNS 채널에서 청소 용품 광고가 많이 보인다. 뿌려 주기만 하면 묵은 때, 누렇게 변색된 때까지 말끔하게 빠지도록 만든다는 세제 광고인데 "뿌리기만 하면 청소 끝"이나 "힘들여 닦을 필요도 없다"와 같은 문구가 영상과 함께 보인다. 이런 광고를 본 소비자들은 고생하지 않아도 손쉽게 묵은 때를 없앨 수 있다는 기대가 생기고 결국 그 제품을 선택할 가능성이 높아진다. 보상 중추가 활성화되고 기대 심리가 높아진다. 그러면 합리적인 소비를 하려는 전전두엽과의 줄다리기에서 이기게 되고 결국 원하는 물건을 손에 넣는다.

광고의 목적은 제품을 소비자들이 선택하도록 만드는 것이다. 비슷비슷한 제품이 수도 없이 많은 상황에서 제품을 선택하도록 만들려면 소비자의 기억에 오래 남을 수 있는 자극이 필요하다. 그렇다고 해서 없는 기능을 광고하거나 허위로 부풀려 광고하면 과장 혹은 허위 광고로 징계를 받을 수도 있다. 따라서 소비자가 자신들의 제품을 선택하되 허위로 유혹하는 문구가 들어가지 않도록 주의해야 한다. '과장'과 '주의' 사이를 교묘하게 줄타기하며 오가는 것이 광고 문구인데, 이런 문구를 만드는 일을 하는 사람들이 바로 카피라이터이다. 이들이 하는 일은 소비자들의 보상 중추를 자극함으로써 구매를 유도할 수 있는 문구를 만들어 전달하는 것이고 이를 콘셉트라 한다.

소비자들은 어쩌면 카피라이터가 만들어 내는 문구에 의해 자신도 모르는 사이에 조종당하는 셈이다. 앞서 예를 든 "맛있으면 0칼로리" 같은 문구는 맛있는 음식을 먹고 싶지만 살이 찔까 걱정돼 마음껏 먹지 못하는 사람들에게는 훌륭한 면책 사유가 된다. 살찌는 음식을 죄책감 없이 먹을 수 있는 것이다. 그러니 TV나 SNS에서 혹하는 광고 문구가 흘러나오거든 나의 뇌가 조종당하고 있는 것은 아닌지 한 번쯤 의심해 볼 필요가 있다.

노인들은 왜 사기에 취약할까?

나이 들수록 인지 능력이 저하된다

"즐겁게 공연 보시고, 매장에 잠시만 들리시면 됩니다." "이 제품을 사용하시면 비가 올 때마다 쑤시던 무릎이 싹 낫고 중풍도 예방할 수 있습니다. 치매도 고칠 수 있어요." "이것만 먹으면 혈압, 당뇨 안 낫는 병이 없어요."

노인들을 상대로 비싼 물건을 파는 사기꾼들이 흔히 쓰는 말이다. 젊은 사람이라면 속아 넘어가지 않을 텐데 노인들은 이런 단순한 말에 쉽게 속아 넘어간다. 나이 드는 것도 서러운 일인데 수상한 낌새를 알아채는 눈치마저 떨어지는 셈이니 참 안타까운 일이 아닐 수 없다. 그러기에 노인들을 대상으로 한 사기는 지금도 아주 많은 곳에서 성행하고 있다. 노인들을 모아 놓고 건강 음료라며 조악하게 제조한 음료를 판매하거나 마땅히 쓸모 없는 물건을 비싼 고가에 파는 경우도 많다. 보이스 피싱에 가장 많이 당하는 것도 나이 든 사람들이다.

왜 그럴까? 이런 현상도 뇌와 관련이 있는 걸까? UCLA 대학의 셸리 테일러Shelley E. Taylor 박사팀은 55세부터 84세 사이의 중·노년층 119명에게 30명에 이르는 사람들의 사진을 보여주었다. 대조군으로 20대 24명에게도 똑같은 사진을 보여주었다. 그리고 (1)믿음직한 얼굴, (2)그저 그런 얼굴 (3)신뢰할 수 없는 얼굴이라는 세 개의 보기를 주고, 사진 속의 인물들이 얼마나 믿음직스럽고 마음을 열고 다가갈 수 있는 사람으로 보이는지 평가하도록 했다. 그러자 중·노년층과 20대 모두 (1)번과 (2)번에 대해서는 비슷한 비율로 선택했다. 하지만 (3)번 항목을 고른 비율은 크게 차이가 났다.

연구진은 '신뢰할 수 없는 얼굴'이 어떻게 생긴 것인지 구체적으로 공개하지는 않았다. 신상을 밝히기 어렵다는 이유 때문인데 뒤센 미소가 아닌 가짜 웃음을 짓고 눈을 마주치지 않으며 인상을 찌푸리는 사람들을 신뢰하기 어려운 모습으로 정의했다. 그 사실을 피험자들에게 알리지 않은 채 '신뢰할 수 없는 얼굴 사진'을 보여준 결과, 20대의 다수는 (3)번을 선택했지만 중·노년층은 일부만 (3)번을 택했다. 테일러 박사는 이 결과에 대해 나이가 들수록 혐오감과 경계심, 참과 거짓을 구분하는 역할을 하는 앞쪽 뇌섬엽 부위가 퇴화하는데 이로 말미암아 사기 범죄에 취약해진다는 결론을 얻었다.

테일러 박사의 말에 따르면, 신뢰할 수 없는 얼굴에는 미소나 시선 등 문제가 있다는 것을 간파할 만한 단서들이 꽤 여러 가지가 있었지만 나이든 사람들의 상당수가 이를 알아채지 못했다고 한다. 연구진은 사람들에게 얼굴 사진을 보여주면서 실험자들의 뇌를 fMRI 장비를 이용해 촬영했다. 피험자는 55세에서 80세의 성인 23명과 20대의 젊은 사람 21명이었다. 영상을 분석한 결과, 신뢰할 수 없는 사람의 사진을 보는 동안 젊은 사람들의 앞쪽 뇌섬엽은 평소보다 훨씬 활성화됐지만 중·노년층의 피험자들은 그런 반응이 나타나지 않았다. 연구팀은 젊은 사람들의 경우 뇌가 '뭔가 수상하니 조심하라'는 경고를 보내지만 중·노년층은 그런 기능이 제대로 작동하지 않는 것이라고 설명했다. 이러한 뇌 기능의 저하는 50대 중반부터 시작되므로 이 시기가 지나면 참과 거짓을 구분해 내는 자신의 능력을 과신하지 않도록 조심하는 게 좋다는 조언도 아끼지 않았다.

뒷얘기에 따르면 테일러 박사가 이 연구를 시작한 계기는 아버지와 숙모가 사기 피해를 당했기 때문이라고 한다. 당시 테일러 박사의 아버지는 70대 중반이었는데 노숙자에게 속아 6천 달러를 날렸다고 한다. 비슷한 시기에 테일러 박사의 숙모도 통신 판매로 다이아몬드 귀걸이를 구매했는데 받고 보니 유리 귀걸이였다고 한다. 마치 우리나라의 '중고나라'라는 인터넷 카페에서 사기를 치는 것처럼 말이다. 덕분에 우리는 소중한 사실 하나를 알게 되었다.

뇌섬엽이 노화되면 분별력도 떨어진다

실험 결과를 보면 노인들이 사기에 잘 넘어가는 것은 뇌섬엽의 노화 때문이다. 뇌섬엽은 측두엽과 전두엽, 즉 이마와 귀 언저리 사이 깊숙이 자리 잡고 있으며 모든 내장기관의 신호가 거쳐 가는 곳이다. 신체 내부에서 느끼는 모든 감각과 감정, 자율신경의 느낌을 받아들여 전두엽과 연결해 무언가 판단을 내릴 수 있도록 데이터를 제공하는 데이터 센터나 다름 없다. 두려움을 느끼면 심장이 고동치거나 화가 났을 때 얼굴색이 붉어지도록 만드는 것도 뇌섬엽이 체감각피질과 손잡고 하는 역할이다. 그러니 이름은 낯설어도 꽤 중요한 역할을 하는 부위가 뇌섬엽이다.

뇌섬엽은 공정성을 모니터링하고 대응하도록 하기도 한다. 신뢰 게임 같은 것에서 제안이 공정하면 보상 회로가 가동되고 도파민이 분비되므로 기분이 좋아지지만 불공정한 제안을 받으면 뇌섬엽이 활성화된다. 또한 뇌섬엽은 인간다움을 만들어내는 데 중요한 역할을 한다. 어떤 사람을 신뢰할지 말지에 대한 판단, 공감과 경멸, 부도덕한 행위에 대해 혐오, 죄의식이나 용서 등 도덕적 판단에도 관여한다. 뇌섬엽의 활성화 수준이 낮을수록 감정을 정확히 표현하는 능력이 떨어진다. 자기 인식 수준이 높은 사람은 뇌섬엽의 활성화 수준이 높지만 그렇지 못한 사람은 뇌섬엽의 활성화 수준이 낮다. 뇌섬엽이 이러한 일들에 관여하다 보니 노화로 말미암아 제 기능을 못하면 자기 인식 수준도 떨어지고 남의 말이 참인지 거짓인지 구분하지 못해 쉽게 넘어가는 것이다.

비단 뇌의 문제만이 아니라 심리적인 원인도 있을 것이다. 사회적 관계에서도 다루었지만 나이 들어 사회생활이 줄어들면 사소한 일에도 심리적 고통을 느낀다. 외롭다는 생각이 들고 사회에서 소외당했다는 생각에 우울한 기분이 들기도 한다. 그럴 때 자식처럼 살갑게 챙겨 주는 사기꾼들의 사탕발림은 큰 위로가 되며, 자식보다 낫다고 여기므로 속임수에 넘어가고 만다. 사기꾼의 말에 쉽게 넘어간다고 노인들을 탓할 것만은 아니다. 그들이 마음 둘 곳을 찾지 못해 그런 것일 수도 있으니 말이다.

뇌의 노화가 사기에 취약하게 만드는 원인임을 알았으니 나이 들수록 조금 더 신중한 판단이 필요할 듯싶다. 무턱대고 의심해서도 안 되지만 필요 이상으로 친절을 베푸는 사람이 있으면 한 번쯤 의심해 보는 것이 좋다.

인간은 이기적일까? 이타적일까?

인간은 공감 능력을 장착하고 있다

인간은 이타적이라고 생각하는가? 이기적이라고 생각하는가? 언뜻 생각하기에 인간은 이기적이라고 배웠던 것 같다. 자신의 경제적 이익이 극대화되는 방향으로 행동한다고 말이다. 주변 사람들의 행동을 보면 실제 이기적인 것처럼 보이기도 한다. 하지만 상당수 학자들의 말에 따르면 인간은 이기적이기보다 이타주의적 성향이 더욱 강하다고 한다. 이를 설명하기 위해 잘 알려진 동물 실험부터 이야기해 보자.

미국 여키스 국립영장류연구센터Yerkes National Primate Research Center의 세계적인 동물 행동 연구가인 프란스 드 발Frans De Waal은 침팬지들을 이용해 한 가지 실험을 했다. 침팬지 우리에 줄을 설치한 후 줄을 당기면 먹이가 튀어나오는 장치를 고안했다. 줄을 당겨 먹이를 얻기를 몇 차례 반복하면 침팬지는 '줄을 당기면 먹이가 나온다'는 사실을 학습하고 배가 고플 때마다 줄을 당긴다.

그런데 줄을 당길 때면 유리 칸막이를 사이에 두고 옆방에 있던 동료 침팬지가 고통을 당했다. 침팬지는 몇 차례의 시행 끝에 줄을 당기면 자신은 먹이를 얻지만 옆방의 동료 침팬지가 심하게 고통을 받는다는 사실을 알아차렸고 놀랍게도 더 이상 줄을 당기지 않았다. 심지어 몹시 배고픈 상태에서도 줄을 당기는 것을 거부했다. 배부름의 만족보다 동료의 고통을 더 중요하게 받아들인 것이다.

드 발은 또 다른 실험을 진행했다. 침팬지들은 하나의 사회를 이루고 산다. 침팬지들이 무리 지어 사는 우리 안에 먹이를 던져 놓으면 서로 그것을 차지하려고 다툰다. 시간이 지나면 힘센 침팬지는 먹이를 많이 차지하고 힘이 약한 침팬지는 먹이를 전혀 얻지 못한다. 심지어 먹이를 하나도 얻지 못하는 침팬지도 있다. 이때 힘이 약해 먹이를 차지하지 못한 침팬지가 먹이를 많이 가진 동료의 면전에서 끙끙대며 불쌍한 표정을 짓거나 데굴데굴 구르며 먹이를 달라고 구걸한다. 생존의 본능에 충실한 침팬지가 먹이를 나누어 줄까? 놀랍게도 답은 '그렇다'이다. 먹이를 많이 가진 침팬지는 먹이를 얻지 못한 동료 침팬지의 구걸을 지켜보다가 인심 쓰듯이 먹이를 획 던지고 쿨하게 자리를 떠나 버린다.

프란스 드 발의 실험을 보면 두 가지 생각해 볼 내용이 있다. 하나는 공감 능력이고 다른 하나는 이타심이다. 공감 능력이란 타인의 감정 상태를 나의 내면세계에 재현해 동일하게 느끼는 것을 말한다. 친구의 부모님이 돌아가셨을 때 마치 내 부모가 죽은 것처럼 가슴 아픈 것, 친구가 승진했을 때 마치 내가 승진한 것처럼 기뻐하고 즐거워하는 것이 공감이다. 공감과 동정은 조금 다른데, 동정은 상대방의 아픔이 마음에 와닿지는 않지만 '그럴 것이다'라고 여겨 함께 슬퍼하고 위로하는 마음이다. 그러나 상당수의 사람들은 동정을 공감으로 착각하곤 한다.

뇌 안의 거울 뉴런 체계가 공감 능력을 만든다

공감 능력은 선천적으로 타고날까, 후천적으로 길러질까? 굳이 답하면 공감 능력은 선천적으로 타고나는 것이 더 강하다고 할 수 있다. 물론 단정 지을 수는 없다. 초기에는 여성과 남성의 성 기관을 모두 가지고 있던 태아가 8주 차가 지나면서부터 테스토스테론의 영향으로 남자와 여자로 성 정체성을 갖추는데 이 과정에서 공감 능력도 달라진다. 테스토스테론 샤워를 받아 남자가 된 아이들은 상대적으로 공감 능력이 떨어지고, 테스토스테론 샤워를 피해 여자가 된 아이들은 상대적으로 공감 능력이 높아진다. 따라서 테스토스테론이 많은 남성들은 그렇지 않은 여성들에 비해 공감 능력이 떨어지는 편이다. '절대적'이 아니고 '상대적'이다.

엄마가 다쳐서 울고 있을 때 남자 아이들은 낄낄대며 장난치지만, 여자 아이들은 엄마를 끌어안고 함께 우는 것도 공감 능력이 선천적으로 타고나는 것임을 보여준다. 자폐나 아스퍼거 증후군 같은 질병이 남자 아이들에게 주로 많고, 규율이나 질서를 잘 이해하지 못하고 따르지 못하는 체계맹이나 과잉 공감이 여자 아이들에게서 많이 나타나는 것도 이 때문이다. 지나치게 테스토스테론이 많은 사람들은 공감 능력을 갖기 어려우며, 권력을 가질수록 공감 능력은 떨어진다.

인간이 공감 능력을 가진 것은 두뇌 속에 거울 체계와 사회화 체계라고 하는 것이 갖춰져 있기 때문이다. 원숭이 실험을 통해 발견된 거울 체계는 전두엽 측면과 두정엽 측면을 중심으로 자리 잡고 있으며 거울 뉴런mirror neuron이라고 알려져 있다. 이 거울 뉴런 덕에 우리는 타인의 마음을 읽고 공감할 수 있다. 하지만 최근 들어 거울 뉴런에 대한 반박이 거세지고 있다. 거울 뉴런은 단지 누군가의 행동을 모방할 뿐이며, 공감을 위해서는 고도의 심리화 작업이 병행돼야 하는데 그 역할은 심리화 체계라는 곳이 맡아서 한다는 것이다. 즉 '무엇'에 대한 이해는 거울 체계에서 하지만 '왜'에 대한 이해는 심리화 체계를 통해 이루어진다는 것이다. 누군가가 울고 있는 모습을 보면 똑같은 눈물이 나는 것(무엇)은 거울 체계의 덕이지만, 그가 우는 이유가 '부모님이 돌아가셔서'라는 것을 알고 같이 슬픔을 느끼는 것(왜)은 심리화 체계라는 것이다.

프란스 드 발의 실험에서 침팬지가 동료의 고통을 이해하고 먹이를 포기한 것은 공감 능력이라고 할 수 있다. 드 발에 따르면 동물 사회에서는 자연스럽게 약자의 고통에 공감하고 그들을 돕는다고 한다. 물소와 같은 초식 동물들이 사자에 물려가는 동료를 구하기 위해 사자에게 달려들거나 새가 긴급한 상황에서 자신의 위치가 노출될 위험을 무릅쓰고 소리 내어 적이 가까이 왔음을 알리는 행동은 모두 그러한 측면이다. 이렇게 다른 개체의 고통을 공감하고 약자를 도우려고 하는 행동에 대해 드 발은 "동물들은 서로를 짓밟거나 자기 것만 챙겨서 살아남는 것이 아니라 협동하고 공유하면서 살아남는다."고 말한다.

이타주의는 인간의 기본 성향이다

그런데 인간 본성에 대해 깊이 있게 연구했던 토머스 홉스Thomas Hobbes나 데이비드 흄David Hume 등은 자신의 이익을 추구하는 것이 모든 인간 동기의 근원이라고 주장했다. 즉 모든 인간의 행동은 자신의 이익을 극대화하는 방향으로 움직인다는 것이다. 그리고 이러한 이론은 정설처럼 받아들여졌다. 이들의 주장대로 이기적 유전자가 인간의 본능이라면 침팬지 역시 이기적이어야 하지 않을까? 이기적인 본성에 동정이나 공감 같은 감정은 개입될 여지가 없지 않을까?

심리학자인 대니얼 뱃슨Danial Batson은 피험자를 둘씩 짝을 짓게 하고 한 사람은 고통스러운 전기 충격을 받는 피해자의 역할을, 다른 한 사람은 그 모습을 가만히 지켜보는 관찰자의 역할을 하게 했다. 실험이 시작되면 피해자가 전기 충격으로 고통스러워하다가 어느 순간 실험자에게 전기 충격을 그만 받으면 안 되느냐고 물어본다. 그러면 실험자는 관찰자에게 피해자 대신 남은 전기 충격을 받을 의향이 있는지 묻는다. 이때 관찰자 역할을 맡은 사람들에게는 두 가지 선택권이 주어진다. 하나는 피해자를 대신해 전기 충격을 받는 것이고, 다른 하나는 그 제안을 거절한 후 피해자가 남은 전기 충격을 받는 모습을 지켜보는 것이다. 또 다른 그룹에는 피해자를 대신해 전기 충격을 받거나 그 장면을 지켜보지 않고 그대로 집으로 돌아가는 것 중 하나를 선택하도록 했다.

이 연구에서 실제로 피해자에게 전기 충격이 주어진 것은 아니고 그런 척한 것뿐이다. 그런데 집으로 돌아가는 선택권을 가진 관찰자 중에서는 피해자가 고통당하는 모습을 보기 힘들어 중도에 실험을 포기하고 집으로 돌아가는 사람들이 많았다. 집으로 돌아갈 수 있는 선택권이 없는 사람들 중에는 피해자를 대신해서 전기 충격을 자원하는 사람들이 많았다. 이 실험 결과는 가능한 한 불편한 상황을 벗어나는 선택을 하지만, 그럴 수 없다면 피해자를 대신해 고통을 받는 것을 선택하는 경향이 많다는 것을 보여준다. 즉 자신이 생각하기에 옳은 일을 선택하는데 그것은 바로 다른 사람을 돕는 것이다.

이때 사전에 짝을 지어 공감을 나눌 기회를 가진 실험자의 경우는 관찰자를 대신해 남은 전기 충격을 받겠다고 자원하는 비율이 높았다. 공감이 적극적으로 다른 사람을 돕도록 만든다는 것을 시사한다. 이 실험 결과에서 보듯이 사람은 다른 사람과 협력하고 다른 사람을 돕는 데서 기쁨을 느끼도록 진화한 것이 틀림없다. 결국 인간은 이기적인 존재라기보다 이타적인 존재라고 해야 할 것 같다. 그러므로 모든 사람이 인간의 본성인 이타주의를 적극적으로 드러낸다면 세상이 더욱 살기 좋아지지 않을까.

애정 결핍은 중독을 불러올 수 있다

새끼 쥐들도 분리 불안을 느낀다

모든 생명은 엄마 뱃속에서 나온 어린아이 시절부터 주변 환경의 영향을 받는다. 특히나 사람은 그 정도가 더욱 크다. 성인이 돼 다른 사람으로부터 받는 영향도 크지만, 영유아 시기에 받는 영향은 일생을 두고 지속되므로 더욱 심각한 문제들을 야기할 수 있다.

미국 에모리 대학Emory University의 뇌신경 과학자인 마이클 쿠하Michael Kuhar는 동료들과 함께 갓 태어난 쥐의 새끼들을 대상으로 흥미로운 실험을 했다. 연구진은 새끼들을 두 그룹으로 나누고, 한 그룹의 새로 태어난 쥐들은 생후 처음 2주 동안 매일 15분씩 어미와 분리시켰다. 15분 정도의 짧은 시간은 새끼에게 그다지 큰 스트레스를 주지 않는다.

자연 상태에서도 어미가 먹이를 구하기 위해 자리를 비우는 시간이 있고 새끼들 또한 어미와의 짧은 이별을 견뎌 내도록 프로그램 돼 있을 것이기 때문이다. 반면에 다른 한 그룹은 같은 기간 동안 매일 3시간씩 어미와 분리시켰다. 3시간은 꽤나 긴 시간으로 새끼들에게 분리 불안 등 충분히 스트레스를 줄 만한 시간이었다.

이렇게 2주를 매일 같이 분리한 후, 모든 그룹의 새끼들을 성체가 될 때까지 같은 공간에서 사육했으며 어미젖을 뗄 때까지 더 이상 떨어뜨려 놓지 않았다. 새끼들이 성체가 된 뒤, 알코올을 자가 투여하는지, 한다면 어떻게 하는지 알아보기 위한 테스트를 실시했다. 그 결과 더 많은 스트레스를 받은 그룹, 즉 하루 3시간씩 어미로부터 분리됐던 새끼들이 15분만 떨어져 지낸 새끼들보다 알코올에 대한 선호도와 섭취량이 더 높게 나타났다. 코카인을 이용한 약물 중독 실험에서도 결과는 동일하게 나타났다.

유사한 실험을 T.A. 코스텐T.A. Kosten 박사팀에서도 수행했는데, 매일 1시간씩 8일 동안 새끼들을 어미와 분리했다. 그 결과 그들이 성체가 된 뒤 코카인에 더 민감한 반응을 보이는 것으로 나타났다.

위의 두 실험 결과는 출생 시기 무렵의 스트레스 경험이 한참 시간이 지나 성체가 되고 난 후 약물 섭취에도 영향을 미친다는 것을 보여 준다. 어린 시절의 스트레스 경험이 성인이 된 뒤 발현된다는 의미이다. 두 실험 모두 생애 초기 스트레스에 대해서 일부만 얘기했지만, 다른 많은 연구 결과가 이러한 발견을 뒷받침하고 있다. 이 결과에 대해 연구진은 "생애 초기의 스트레스 인자들이 타고난 유전자 발현을 바꾸고, 그것이 후성유전학적 메커니즘에 따라 전 생애에 걸쳐 유지된 것이라고 추측할 수 있다."고 한다.

윤리적인 문제로 인해 인간을 대상으로 이러한 실험을 진행한 결과는 없지만 쥐의 실험 결과를 통해 인간도 동일한 문제가 있을 수 있음을 충분히 유추할 수 있다. 어린 시절 엄마로부터 떨어져 지내야 하는 분리 불안이 큰 사람일수록 성인이 된 뒤 알코올이나 담배를 포함한 약물의 유혹에 쉽게 넘어갈 수 있음을 말이다.

애정 결핍이 행위 중독을 가져온다

반드시 약물이나 알코올이 아니더라도 각종 행위 중독에 빠지는 경우가 실제로 많이 나타나고 있다. 행위 중독이란 흡입하는 물질이 아니라 행동적인 측면에서 무엇인가에 강하게 빠져드는 것을 말한다. 즉 인터넷이나 게임, 도박 등에 비정상적으로 몰입하는 것이다. 인터넷이나 게임에 과도하게 몰입해 청소년 중독 센터를 찾는 아이들 대부분은 편모나 편부 등 결손 가정에서 자랐거나 부모가 모두 있다 해도 사업 등으로 인해 함께 할 시간이 부족한 환경에서 자랐다. 중독뿐 아니라 '일진'과 같이 탈선을 일삼는 아이들도 대개는 비슷한 환경에서 자랐다. 다른 측면에서 보면 엄마로부터의 애정 결핍을 약물이나 알코올, 인터넷이나 게임, 도박 같은 행위로 채우며 보상을 느끼는 것이라 할 수 있다.

유아기 시절에 엄마에 대한 애착은 인간의 본능 중 하나다. 생존이나 번식에 버금가는 커다란 욕구 중 하나가 애착인 것이다. 원숭이를 대상으로 한 실험이 이것을 잘 보여준다. 태어난 지 얼마 안 된 원숭이를 어미로부터 떼어 놓은 후 두 개의 가짜 모형을 만든다. 하나는 철사로 만든 몸체에 가슴에서 우유가 나오도록 한 모형이고, 다른 하나는 나무토막 위에 어미의 털과 같은 감촉을 느끼도록 만들어 주는 부드러운 천을 덮은 모형이다. 이 모형에서는 젖이 나오지 않는다. 이제 새끼 앞에 이 두 가지 모형을 가져다 놓으면 새끼는 주저 없이 어미의 털과 같은 감촉을 가진 모형 쪽으로 달려간다. 젖이 나오지 않아 배가 고픔에도 불구하고 그곳을 떠나려 하지 않는다. 이를 보면 애착은 생존의 본능보다 약하지 않은지도 모른다. 그리고 이러한 애착 관계를 강제로 떼어 놓는 것은 새끼에게는 커다란 스트레스가 될 것이다. 결국 스트레스로 인해 유전자의 발현이 변화되고 알코올과 약물 혹은 다양한 행위 중독에 취약해지는 것이다.

이 실험 결과를 보며 현대사회는 미래의 잠재적인 문제아를 만들어 내는 환경에 지나치게 노출돼 있는 것이 아닌가 하는 생각이 든다. 경제적으로 넉넉하지 않은 가정이나 맞벌이 부부의 경우, 아이들이 스스로 엄마로부터 벗어날 수 있을 때까지 돌볼 만한 시간적 여유가 없을

지도 모른다. 다 그런 것은 아니지만 그런 아이들은 청소년기 혹은 성인이 된 뒤 어린 시절 결핍된 애착의 욕구를 대신할 수 있는 무언가에 탐닉하고 중독될 가능성이 높다. 그것을 막는 유일한 방법은 애정과 관심이다. 비록 몸과 마음이 피곤할지라도 아이들의 미래를 걱정한다면 애정 어린 관심을 보여주어야만 한다.

왜 노인은 일찍 자고, 아이는 늦게 잘까?

모든 생명체는 일주기 리듬을 가지고 있다

잠이 개인의 성격에 영향을 미친다는 사실을 살펴보았지만 한편으로는 자신도 모르는 사이에 행동의 변화를 가져오기도 한다. 그중 하나가 청소년과 노인들의 잠자는 시간의 변화이다. 우리 몸에는 자연환경의 변화에 따라 자연스럽게 신체 리듬을 조절해 주는 일주기 리듬circadian rhythm이라는 것이 있다. 쉽게 얘기하면 심부체온, 즉 심장과 폐의 온도 변화라고 보면 되는데 그 형태는 대체적으로 아래 그림과 같다. 마치 싸인 커브처럼 보이지만 싸인 커브와는 생김새가 많이 다르다. 새벽 3~5시 사이에 최저점을 기록하고 오후 6시쯤 최고점을 기록한다.

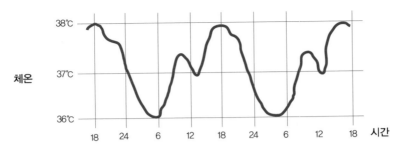

인간의 심부체온은 시간대에 따라 오르내리며 주기적인 리듬을 만들어 낸다.

우리 뇌 안에는 빛의 움직임에 따라 24시간을 자연스럽게 따라 움직이도록 만드는 생체 시계가 있는데 이를 시교차상핵Suprachiasmatic Nucleus이라고 한다. 아침에 햇빛이 망막을 거쳐 시교차상핵으로 전달되면 이곳에서 송과체에 지령을 내려 세로토닌을 분비하도록 한다. 그러면 뇌는 각성 상태가 돼 잠에서 깨어난다. 반대로 저녁에 어둠이 내리면 망막을 거쳐 시교차상핵으로 전달되고 다시 송과체에 지령을 내려 멜라토닌을 분비한다. 멜라토닌은 잘 때가 됐으니 모든 신체 기관들은 잘 준비를 하라는 신호를 내보내는 역할을 한다. 멜라토닌이 분비돼야 잠들 수 있는 것이다.

사람에 따라 일주기 리듬은 조금씩 다르지만 24시간에 맞춰 조절하는 역할을 하는 곳이 두뇌의 시교차상핵이다. 시카고 대학교의 너새니얼 클라이트먼Nathaniel Kleitman 교수와 조교인 브루스 리처드슨Bruce Richardson은 1938년에 햇빛이 전혀 닿지 않는 켄터키의 매머드 동굴에서

6주 동안 생활하는 실험을 했다. 두 사람이 그곳에 간 이유는 빛이 완전히 차단된 환경에서 신체의 일주기 리듬이 어떻게 바뀌는지 알아보기 위한 것이었다. 그 결과 두 사람의 일주기 리듬은 햇빛이 들어오지 않는 환경에서도 일정하게 유지됐지만 시간차가 있었다. 당시 20대였던 리처드슨의 주기가 26~28시간이었다면, 40대였던 클라이트먼의 주기는 24시간보다 좀 더 길었다.

이처럼 일주기 리듬은 사람마다 조금씩 다른데 후천적인 습관 때문이기도 하지만 대개는 타고난 DNA의 영향을 받는다. 인간의 40%에 해당하는 아침형 혹은 종다리형은 이른 오후에 일주기 리듬이 최고조에 달하고 밤에 일찍 잠든다. 반면에 30%를 차지하는 저녁형 혹은 올빼미형은 늦은 오후에야 일주기 리듬이 최고조에 이르러 밤이 늦어서야 잠자리에 들 수 있다. 나머지 30%는 이도 저도 아닌 어중간형으로

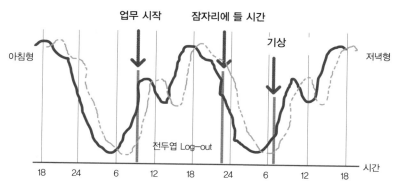

9시를 보면 아침형 인간의 신체 리듬은 꽤 높이 올라온 반면 저녁형 인간의 신체 리듬은 아직도 바닥 상태에 가까이 있음을 알 수 있다.

분류된다. 이를 그래프로 그리면 다음 그림과 같다.

이 그래프를 보면 저녁형은 아침형이 맑은 정신을 가지고 활발하게 활동하는 오전 9시에도 일주기 리듬이 아직 충분히 올라오지 않고 최저점 가까이에 있다. 어쩔 수 없이 출근해서 자리에 앉아 있어도 정신은 멍한 상태인 것이다. 반면 이들은 오후 늦게야 일주기 리듬이 최고조에 이르고 의욕 '뿜뿜' 상태가 되는 것이다. 그러니 어찌 보면 아침형에 맞춰진 세상에서 사는 것은 저녁형들에게 고통일지도 모른다. 그러니 무조건 누군가를 게으르다고 비난할 것만은 아니다.

일주기 리듬의 변화가 청소년과 노인의 수면 습관을 바꾼다

잠을 이해하면 청소년들이 늦게 자고 늦게 일어나거나, 노인들이 일찍 자고 일찍 일어나는 행동도 쉽게 이해할 수 있다. 모두가 일주기

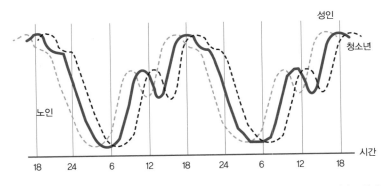

오전 6시를 중심으로 보면, 일반적인 성인은 그 시간대에 신체 리듬이 올라가기 시작하지만 노인의 경우 이미 그보다 2~3시간 전에 신체 리듬이 올라가기 시작한다. 청소년의 경우 그보다 2~3시간 후에 신체 리듬이 올라가기 시작한다. 이러한 차이가 잠자리에서 일어나는 시간의 차이를 만들어 낸다.

리듬이 다르기 때문이다. 다음 그림에서 보는 것처럼 사춘기의 청소년이나 노인들은 호르몬 분비에 변화가 생긴다. 청소년들은 멜라토닌 분비가 성인들에 비해 2~3시간 정도 늦어진다. 즉 정상적인 성인은 밤 11시쯤 되면 졸리지만 사춘기 청소년은 새벽 1~2시에야 비로소 졸리다. 의도적으로 늦게 자는 것이 아니라 뇌가 그렇게 만들기 때문이다.

반대로 노인들은 멜라토닌 분비가 빨라진다. 그래서 밤에 일찍 잠들고 새벽에 일찍 일어나는 것이다. 청소년들이 일부러 늦게 자고 노인들이 잠이 없어서 새벽에 일찍 일어나는 것이 아니라, 생체 리듬이 그렇게 만드는 것이다. 그러니 청소년들이 늦게 자고 늦게 일어난다고 해서 비난하거나 노인들이 일찍 자고 꼭두새벽부터 일어난다고 해서 삐딱하게 볼 일도 아니다. 모두 자연의 섭리이니 말이다.

장거리 해외 여행을 할 때마다 시차로 인해 고생한 경험이 있겠지

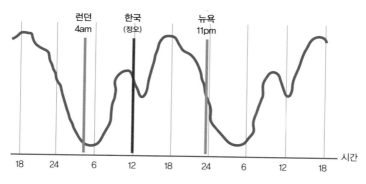

신체 리듬은 항상 동일하게 움직이지만 여행지에 따라 표준 시간대가 달라지므로 시차로 인한 문제가 발생한다.

만, 시차 역시 일주기 리듬 때문에 생긴다. 한국이 정오일 때 런던은 새벽 4시, 뉴욕은 전날 밤 11시다. 다음 그림에서 보는 것처럼 한국에서 출발해 런던에 도착하면 새벽 4시에 그 사람의 생체 리듬은 낮 12시에 있는 셈이다. 아직 생체 리듬이 최고조를 향해 올라갈 시점이므로 런던에서 아침 맞는 데 크게 어려움이 없다. 반면에 뉴욕으로 가는 경우, 밤 11시에 생체 리듬은 낮 12시를 가리킨다. 뉴욕에서는 잠을 잘 시간이지만 몸은 멀쩡하게 깨어날 시간인 것이다. 그러니 아무리 잠을 자려고 해도 잠이 안 올 수밖에 없다.

참고문헌

1장

잠을 잘 못 자면 조울증이 올 수 있다
매슈 워커(2019), 우리는 왜 잠을 자야 할까, 열린책들

잘 자고 싶다면 핸드폰을 꺼라
매슈 워커(2019), 우리는 왜 잠을 자야 할까, 열린책들
블루라이트는 우리에게 해가 될까? 4, 건양의료재단김안과, 2018.11.22
수면 방해한다는 '블루라이트' 사실일까?, 메디컬리포트, 2020.1.6

젊어서 아낀 잠이 나이 들어 치매로 돌아온다
수면 중인 뇌, 뇌 척수액이 매일 밤 씻어낸다, 연합뉴스, 2019.11.1
치매정복 눈앞…'뇌 속 찌꺼기' 배출구 찾았다, MBC, 2019.7.25

약 없이도 우울증을 치료할 수 있다
이쿠타 사토시(2011), 되살아나는 뇌의 비밀, 가디언

James A. Blumenthal et al.(1999), Effects of Exercise Training on Older Patients With Major Depression, *Archives of Internal Medicine*, 159(19), 2349–2356

달리면 행복도 달려온다
데이비드 디살보(2014), 뇌는 왜 삽질을 시킬까, 청림출판
이쿠타 사토시(2011), 되살아나는 뇌의 비밀, 가디언

비만을 막기 위한 첫걸음
데이비드 루이스(2014), 뇌를 훔치는 사람들, 청림출판
한국인 20년간 흡연은 줄고, 비만은 증가, Medical Observer, 2019.10.28

호두가 머리에 좋은 진짜 이유
오노즈카 미노루(2014), 껌만 씹어도 머리가 좋아진다, 클라우드나인

개천에서 용 나던 시절은 지난 걸까?
아동 빈곤과 두뇌 발달·학업 성취도의 관계(2015), 미국의학협회저널 소아학(JAMA Pediatrics)
가난한 집 아이, 두뇌 제대로 성장 못한다, The Science Times, 2015.8.10

2장

바다 한가운데 등대에서 2년을 버틸 수 있을까?
닐스 비르바우머, 외르크 치틀라우(2018), 머리를 비우는 뇌과학, 메디치미디어

진통제가 실연당한 사람에게도 효과가 있을까?
매튜 D. 리버먼(2015), 사회적 뇌 인류 성공의 비밀, 시공사
Hans Ijzerman, Gün R Semin(2009), The thermometer of social relations: mapping social proximity on temperature, *Psychological Science*, Oct, 20(10), 1214–1220

사촌이 땅을 사거든 진심으로 축하해 줘라

김학진(2017), 이타주의자의 은밀한 뇌구조, 갈매나무

자오위핑(2013), 자기 통제의 승부사 사마의, 위즈덤하우스

행복하고 싶거든 옥시토신 하라

Michael Kosfeld, Markus Heinrichs, Paul J. Zak et al.(2005), Oxytocin increases trust in humans, *Nature*, vol 435, 673–676

카야 노르뎅옌(2019), 내가 왜 이러나 싶을 땐 뇌과학, 일센치페이퍼

전중환(2010), 오래된 연장통, 사이언스북스

언어의 온도가 올라갈수록 행복해진다

데이비드 디살보(2012), 나는 결심하지만 뇌는 비웃는다, 모멘텀

Hans Ijzerman, Gün R Semin(2009), The thermometer of social relations: mapping social proximity on temperature, *Psychological Science*, Oct, 20(10), 1214–1220

행복을 좌우하는 것은?

트레이시 앨러웨이, 로스 앨러웨이(2014), 파워풀 워킹 메모리, 문학동네

매듀 D. 리버먼(2015), 사회적 뇌 인류 성공의 비밀, 시공사

능력 있는 남자, 재수 없는 여자?

존 메디나(2009), 브레인 룰스, 프런티어

Larry Cahill(2006), Why sex matters for neuroscience, *Nature Reviews Neuroscience*, 7, 477–484

3장

감정이 의사 결정을 지배한다

수전 그린필드(2004), 브레인 스토리, 지호

때로는 직감이 논리보다 중요하다

장동선(2017), 뇌 속에 또 다른 뇌가 있다, 아르테

대니얼 카너먼(2018), 생각에 관한 생각, 김영사

에너지를 아끼려는 두뇌의 포로가 되지 말라

데이비드 루이스(2014), 뇌를 훔치는 사람들, 청림출판

편리함에는 대가가 따른다

카야 노르뎅옌(2019), 내가 왜 이러나 싶을 땐 뇌과학, 일센치페이퍼

남자아이에게 어울리는 옷 색깔은?

데이비드 디살보(2012), 나는 결심하지만 뇌는 비웃는다, 모멘텀

Jeanne Maglaty(2011), When Did Girls Start Wearing Pink?, Smithsonian Magazine

Celine van Golde, Stefanie J. Sharman, Ingrid Candel(2009), High prevalence information from different sources affects the development of false beliefs, *Cognitive Psychology*, 16 Feb

다른 의견을 말할 수 있는 용기

김학진(2017), 이타주의자의 은밀한 뇌구조, 갈매나무

카야 노르뎅옌(2019), 내가 왜 이러나 싶을 땐 뇌과학, 일센치페이퍼

빅 브라더는 우리 곁에 있는지도 모른다

데이비드 루이스(2014), 뇌를 훔치는 사람들, 청림출판

한스 게오르크 호이젤(2019), 뇌 욕망의 비밀을 풀다, 비즈니스북스

비판할수록 진실에 가까워진다

데이비드 디살보(2014), 뇌는 왜 삽질을 시킬까, 청림출판

4장

결심하지 말고 질문하라

Ibrahim Senay, Dolores Albarracín, and Kenji Noguchi(2010), Motivating Goal-Directed Behavior Through Introspective Self-Talk: The Role of the Interrogative Form of Simple Future Tense, *Psychological Science*, Apr, 21(4), 499-504

데이비드 디살보(2012), 나는 결심하지만 뇌는 비웃는다, 모멘텀

목표를 공개 선언하면 달성률이 높아진다

Nyer, P. U., & Dellande, S. (2010), Public commitment as a motivator for weight loss, *Psychology & Marketing*, 27(1), 1-12

장동선(2017), 뇌 속에 또 다른 뇌가 있다, 아르테

오르지 못할 나무는 쳐다보지도 말라

데이비드 디살보(2014), 뇌는 왜 삽질을 시킬까, 청림출판

즐기면 일의 성과가 오를까?

Hart, W., & Albarracín, D. (2009), The effects of chronic achievement motivation and achievement primes on the activation of achievement and fun goals, *Journal of Personality and Social Psychology*, 97(6), 1129-1141

왜 사과나무 아래였을까?

닐스 비르바우머, 외르크 치틀라우(2018), 머리를 비우는 뇌과학, 메디치미디어

스트레스의 스위트 스폿을 찾아라

아힘 페터스(2013), 이기적인 뇌, 에코리브르

급할수록 돌아가라

Adam Gazzaley, Larry D. Rosen(2016), The Distracted Mind: Ancient Brains in a High-Tech World, The MIT Press

데이비드 록(2010), 일하는 뇌, 랜덤하우스코리아

Marcel Adam Just, Timothy A. Keller, Jacquelyn Cynkar(2008), A decrease in brain activation associated with driving when listening to someone speak, *Brain Research*, Vol 1205, 18 April

Jeff Sutherland(2014), scrum The art of doing twice the work in half the time, Crown Business

기억은 흔들리는 갈대와 같다

카야 노르뎅옌(2019), 내가 왜 이러나 싶을 땐 뇌과학, 일센치페이퍼

음악이 성과에 영향을 미칠까?

일상 속 백색소음, 그 효과는, The Science Times, 2014.4.9

Nelly A. Papalambros, Phyllis C. Zee, et al.(2017), Acoustic Enhancement of Sleep Slow Oscillations and Concomitant Memory Improvement in Older Adults, *Frontiers in Human Neuroscience*, March 8.

Rausch VH, Bauch EM, Bunzeck N. (2014), White noise improves learning by modulating activity in dopaminergic midbrain regions and right superior temporal sulcus. *Journal of Cognitive Neuroscience*. Jul. 26(7), 1469–1480

Joanne Cantor(2013), Is background music a boost or a bummer?, *Psychology Today*. May 27

5장

당신도 저글링을 할 수 있다

이쿠타 사토시(2011), 되살아나는 뇌의 비밀, 가디언

삶에서 도전을 멈추지 말아야 하는 이유

컴퓨터 두뇌 게임 지능 향상에 '별로', 세계일보, 2010.4.21

토르켈 클링베르그(2012), 넘치는 뇌, 윌컴퍼니

매들린 L, 반 헤케, 리사 캘러핸, 브래드 콜라르, 켄 팔러, 황상민(2010), 브레인 어드벤티지, 다산초당

시험을 앞두고 있다면 술을 멀리하라

매슈 워커(2019), 우리는 왜 잠을 자야 할까, 열린책들

수능 만점자는 잠을 충분히 잤을까?

매슈 워커(2019), 우리는 왜 잠을 자야 할까, 열린책들

게으름은 타고난 본성이지만 이겨 낼 수 있다

Matthieu P. Boisgonteirhi, Boris Cheval et al.(2018), Avoiding sedentary behaviors requires more cortical resources than avoiding physical activity, An EEG study. *Neuropsychologia*, Vol 119, Oct, 68-80

기억을 잘 하는 비결

이케가야 유지(2013), 뇌는 왜 내 편이 아닌가, 위즈덤하우스

존 메디나(2009), 브레인 룰스, 프런티어

풍부한 상상력을 갖는 요령은?

모헤브 코스탄디(2016), 일상적이지만 절대적인 뇌과학 지식 50, 반니

텔레파시로 사람을 움직일 수 있을까?

텔레파시는 과연 가능할까, The Science Times, 2014.9.24

페이스북의 미래는 '텔레파시'일까?, 파이낸셜뉴스, 2015.7.1

누군가 나의 꿈을 들여다본다면?

매슈 워커(2019), 우리는 왜 잠을 자야 할까, 열린책들

6장

남매는 왜 사이가 나쁠까?

Debra Lieberman, John Tooby, Leda Cosmides(2003), Does morality have a biological basis? An empirical test of the factors governing moral sentiments relating to incest, *Proceedings of the Royal Society B: Biological Sciences*, 270(1517), 819–826

Debra Lieberman, Elizabeth G. Pillsworth, Martie G. Haselton(2010), Kin Affiliation Across the Ovulatory Cycle: Females Avoid Fathers When Fertile, *Psychological Science*, NOV 24

직업이 정직성에 영향을 미칠까?

Akerlof G. A., Kranton R.E.(2010), Identity Economics: How Our Identities Shape Our Work, Wages, and Well-being, Princeton University Press

로랑 코앙(2019), 나를 속이는 뇌 뇌를 속이는 나, 북스힐

부모가 술을 자주 마시면 아이는 술에 관대해진다

데이비드 디살보(2012), 나는 결심하지만 뇌는 비웃는다, 모멘텀

Derek E. Lyons et al.(2007), The hidden structure of overimitation, *PNAS*, Dec 11, 104(50) 19751–19756

공정함이 무너지면 인간은 분노를 느낀다

Karen A. Hegtvedt, Caitlin Killian(1999), Fairness and Emotions: Reactions to the Process and Outcomes of Negotiations, *Social Forces*, Sep, 78(1), 269–302

광고 문구를 믿으면 안 되는 이유

Kay M, Johnson et al.(2006), Television Viewing Practices and Obesity Among Women Veterans, *Journal of General Internal Medicine*, Mar, 21(S3), S76–S81

Christakis D, A, Zimmerman F, J.(2007), Violent television viewing during preschool is associated with antisocial behavior during school age. *Pediatrics*. Nov, 120(5), 993–999

노인들은 왜 사기에 취약할까?

노인들이 사기꾼에게 잘 속는 이유 있다, 시사저널, 2012.12.31

다니엘 G. 에이먼(2008), 그것은 뇌다, 한문화

인간은 이기적일까, 이타적일까?

공감은 길러지는 게 아니라 무뎌지는 것이다. 민중의 소리. 2018.9.26

김학진(2017). 이타주의자의 은밀한 뇌구조. 갈매나무

애정 결핍은 중독을 불러올 수 있다

마이클 쿠하(2014). 중독에 빠진 뇌. 해나무